KB235116

긍정의 결혼식

셀프업 **7**

긍정의 결혼식

최원교 지음

이담 Books

마음의 평화를 얻어야 하는 이유

사람들은 누구나 걱정을 안고 산다. 또한 실제 걱정이라는 굴레에서 자유로워져 행복을 만끽하면서 살아가는 사람은 드문 것 같다. 사람마다 정도의 차이는 있을 테지만 아무 근심 걱정 없이 사는 사람은 정말 행복한 사람이다. 행복한 사람은 늘 미소 짓고, 낙천적으로 생각하며 능동적으로 행동에 임하는 자세를 가지고 있다. 그러나 어느 순간 외부로부터 오는 감정을 이기지 못하게 되면 찡그린 표정으로 돌변하는 경우를 경험하는 경우도 있다. 늘 웃고 있다가도 상대방의 말 한마디에 불쑥 솟는 화(火)의 감정을 마인드 컨트롤 하지 못하는 이유는 뭘까?

두려움, 절망, 화(火)는 평상시 우리 마음속에 숨겨져 있다. 긍정이라는 마음속 잠재의식 속에 부정이라는 잠재의식도 한곳에 자리 잡고 있는 것이다.

날마다 마음속에 긍정이라는 거울을 들여다보는 것은 어떨까? 마음속에 부정이라는 거짓의 때가 끼어 있지 않았는지, 사람들을 부정적인 시선으로 바라보게 하는 화(火)라는 독화살이 상대방의 마음에 상처를 주지는 않았는지, 마음가짐을 다시 스스로 점검해 볼 필요가 있다.

마음가짐은 누구에게는 삶을 살아가는 데 큰 교훈과 보약이 될 수 있다. 반면, 다른 누군가에게는 삶의 방향을 잃게 만들어 버리는 고장 난 나침반이 될 수도 있다.

부정적인 감정은 예기치 못한 큰일을 당해 생길 수도 있지만, 대개는 일상에서 부딪치는 자잘한 문제 때문에 일어나는 경우가 다반사다. 따라서 마음가짐을 긍정적으로 갖고 화(火), 스트레스 등을 잘 다스리게 된다면 일상에서 잃어버린 행복과 기쁨을 다시금 되찾을 수 있을 것이다.

"모든 것은 자신의 마음가짐에 따라 달라진다."라는 불교의 '일체유심조론'과 "마음의 즐거움은 병을 낫게 하지만, 근심하는 마음은 뼈를 마르게 한다."는 성경의 잠언, "똑같은 사건을 바라보고 해석하는 방법이 다르다."라는 서양의 '인지행동요법' 등은 하나같이 일맥상통하는 부분이 있다. 즉 "모든 것은 자신의 마음가짐을 어떻게 갖느냐에 따른 바라보는 관점은 달라질 수 있다."라는 것이다.

필자만의 마음가짐을 꺼내 놓은 주관적 차원에서 집필하다 보니 솔직히 부담이 되기도 했지만, 이 책을 통해 마음가짐을 다시 되돌아볼 수 있게끔 동기부여 하는 데에는 지식전달로서 결코 얕지 않다고 본다.

책을 쓰다 보면 많은 것을 깨닫게 된다. 그중에서도 가장 큰 깨달음은 바로 나 자신의 절대적인 한계에 대한 부딪침이라는 것이다. 그래서 책을 집필하면 할수록 고마운 사람들이 많다는 사실을, 내 자신이 더 겸손해진다는 사실, 더 공부하고 싶다는 마음이 드는 것도 내게는 너무나 소중한 경험이 아닌가 싶다.

이렇게 지면을 빌어서라도 고마운 분들을 잊지 않으려고 하는 것은 필자의 고질병인 '망각'이 그 마음을 전할 기회조차 뺏어 버릴 것만 같기 때문이다.

끝으로 이 책을 내는 데 도움을 주신 출판사 관계자 여러분들에게 감사의 마음을 전하고 싶다. 일곱 번째 책이지만 책을 쓰면서 받는 스트레스는 이전의 것과는 비교하기 힘들 정도였지만 한편으론 행복한 시간을 보냈던 것 같다. 특히 부족한 저자에게 늘 생각의 폭을 넓혀 주신 기획팀 권성용 님의 멘토가 있었기에 가능했다. 먼 길을 마다 않고 필자의 사무실에 찾아와 주고, 번거로움을 덜어 주기 위해 늘 먼저 전화와 메일로 연락을 취해 준 그분의 배려가 있었기에 이 책이 이처럼 당당하고 멋지게 세상에 나올 수 있었다고 생각한다.

정말이지 이 책은 필자만의 한 사람의 행복을 추구하기 위한 책이 아니라, 수많은 사람들 모두가 행복과 기쁨을 함께 공유하게 하는 책이 되길 기대해 본다.

이 책을 읽는 독자들이 긍정의 길로 걷는 데 도움이 되기를 진심으로 소망한다!

최원교

사람은 그 생각대로 된다.
'할 수 있다'고 믿으면 어떤 어려운 일도 할 수 있다.
간절하게 믿는 마음은 어떤 일을 하는 데 필요한
힘, 기적을 만들어 내는 힘이 있는 것이다.
긍정적으로 생각하는 사람은
어떤 어려움이 닥쳐도 그 가운데서 기회를 본다.
변화를 원한다면 늘 긍정적으로 생각하라.
부정적인 생각이 마음속에
둥지를 트는 것을 경계하라.

chapter 1

일상을 행복하게 만들어 주는 긍정

마음의 즐거움은 병을 낫게 하지만,
근심하는 마음은 뼈를 마르게 한다.
-성경 잠언 17:22

긍정의 힘

높은 실업률, 신용불량자 급증, 구조조정, 물가 상승, 아파트 값 폭등, 유가 인상, 사교육비 상승…… 현재 우리나라의 경제상황이다. 생각만 해도 속이 답답하고 마음속이 울렁거린다. 100년 만에 한 번 올까 말까 한 세계적인 경제불황과 국내 사정의 악화 및 빠른 기업체 간 구조조정 속에 우리의 마음은 희망찬 미래의 꿈을 생각하기보다는 점점 끝이 없는 어둠의 터널 속으로 달려 들어가게 만든다.

얼마 전에 동창모임에 참석을 했다가 한눈에 얼굴 표정이 심란해 보이는 친구를 보게 되었다. 오랜만에 만났는데 도무지 웃음이라고는 찾아볼 수가 없을 정도로 얼굴 표정이 유난히 어두워 보였다. 요즘 경제상황이 너무 안 좋은 방향으로 흘러가니 하며 생각했는데 시간이 흘러도 그 친구의 기분상황은 좀처럼 변화가 보이지 않는 것이었다.

사정은 이랬다. 친구는 기업체에 인력을 파견시키는 용역회사를 운영하는 사장으로 한때 승승장구하며 정말 잘나가던 친구였는데, 국내 경기가 침체되고 상황이 어려워지자 친구와 거래를 맺었던 회사들도 구조조정에 들어간 것이었다. 친구와 거래를 맺었던 회사들은 재무구조가 튼튼한 회사들로 다른 회사들보다는 조금 여유가 있었기에, 구조조정이나 인원감축이라는 칼날에 쉽게 난도질당하진 않을 거라 친구는 내심 바라고 있었던 것 같았다.

그러나 그러한 걱정 어린 희망도 오래가진 못했다. 장기적인 불경기가 지속되면서 재무구조가 나름대로 튼튼했던 회사들도 구조조정의 칼바람에 하나하나 난도질당하기 시작했다. 이제 가정적으로 돈이 많이 들어가야 할 시기에, 친구는 웃음을 잃어가기 시작했고, 하루하루를 고통 속에서 보내는 상황에 처하게 되었다. 그동안 지속적으로 사업 확장을 위한 투자가 많았기에, 기업체들의 긴축경영과 줄 도산은 친구에게 정신적으로 스트레스를 차곡차곡 쌓이게 했고 경제적으로 고통을 주며 눈물을 흘리게 만들어 버렸다. 그렇다고 직원들처럼 정부로부터 고용보험을 통해 일시적으로나마 다른 사업 혹은 생계를 위해 대책을 세울 수 있는 시간을 확보할 수 있는 상황이 아닌 만큼 친구의 고통은 하루하루가 지날수록 주름은 더욱 깊이 파 들어갔다.

IMF보다 더욱 내수경기가 침체된 이 시점에 우리는 잃어버린 웃음과 활력을 되찾아 새로운 미래를 맞이해야 한다. 늦었다고 생각할 수도 있고, "나는 안 돼." 하며 현 경제상황의 흐름 속에 체념하듯 삶을 포기하고 싶을 수도 있을 것이다. 밝은 웃음과 희망은 나에게는 두 번 다시 찾아오지 않을 것이라고 생각할 수도 있을 것이다. 이러한 부정적인 생각들은 우리의 뇌 속에 깊숙이 감돌게 만들어 끊임없이 부정의 주문을 외우도록 만들게 할 것이다.

현재 내가 처해 있는 상황에 "재수와 운이 없다."고 스스로 한탄하지 말자. 비관주의자들은 희망 속에서 절망을 보지만 낙관주의자들은 절망 속에서 희망을 찾으려고 고군분투를 한다.

이제부터 세상을 긍정적인 방향으로 바라보는 것은 어떨까? 날마다 마음속의 긍정의 거울을 들여다보도록 하자. 마음속에 부정이라는 거짓의 때가 끼어 있지 않았는지, 사람들을 부정적인 시선으로 바라보게 만드는 교만이라는 마음의 종기가 생기지 않았는지, 스스로 마음속의 거울을 들여다보며 자기성찰과 자기검토를 통해서 스스로 자기 자신을 되돌아보는 시간을 가져보도록 하자.

부정은 늘 교만과 자만, 게으름, 허영들로 가득 차 있다. 부정이라는 정신의 주름살을 다림질하도록 하자. 나이는 20살인데 정신은 40살인 사람이 있다. 나이는 50살인데 정신은 20살인 사람이 있다. 날마다 긍정적인 관점으로 생활에 임하는 사람들은 잠재의식 속에 날마다 규칙적으로 정신의 주름살을 펴지게 만들어 주어 생활의 활력을 불어 넣어 준다.

지금부터 마음가짐을 다시 스스로 점검해 보도록 하자. 내가 현재 부정적으로 생활에 임하고 있는지 아니면 긍정적인 생활로 사람들에게 기쁨이라는 영양 크림과 미소라는 보습제를 선사하고 있는지 생각해 보자. 긍정적인 생각을 갖는 것은 마음속의 어둠과 절망의 요소를 없애 주게 만드는 희망의 핵무기이다. 며칠 전 전 세계를 떠들썩하게 만들었던 북한이 인공위성을 쏘아 올린 과학기술이 아닌, 사람들에게 희망의 고급 향수를 뿌려 주어 가슴의 향기가 흩날리도록 해 주는 긍정의 과학기술을 만들어 보자.

현대사회는 매우 분주하고 복잡하다. 생존을 위해 때로는 쉴 새도 없이 생활에 쫓기며 살게 된다. 입시경쟁, 시험경쟁, 대회경쟁 등…… 경쟁이 치열하다 보니 우리의 마음에는 늘 부담이 가득하다.

세상을 살아가는 데 있어 사람 누구나 긍정의 생각을 갉아먹게 만드는 요소가 있다. 바로 스트레스다. 스트레스는 우리의 몸과 마음을 지치게 만든다. 누구나 스트레스를 가지고 생활에 임하고 있다. 우스갯소리지만 "스트레스가 없는 것 자체가 스트레스다."라는 말도 있지 않던가? 스트레스를 받고 방향감각을 잃어버릴 것이 아니라 스트레스를 기분 좋게 풀어 갈 수 있는 마음의 여유를 가질 수 있도록 평상시에 훈련할 필요가 있겠다.

월리엄 제임스가 이런 말을 했다. "우리 세대의 가장 위대한 발견은 사람은 자기 마음가짐을 고치기만 하면 자신의 인생까지도 고칠 수 있다."라며 마음가짐을 어떻게 가지느냐에 따라 긍정적인 삶의 방향으로 살 수도 있고 아니면 부정의 터널 속에서 삶의 방향을 잃어 허우적거릴 수도 있다는 것으로 마음가짐의 중요성을 강조했다.

모든 것은 '마음먹기'에 달려 있다 하겠다. 화엄종의 중심사상 중에 '일체유심조(一切唯心造)'라는 구절이 있다. 즉 "모든 것은 자신의 마음에 따라 달라진다."라는 의미다. 우리가 잘 아는 원효의 이야기는 '일체유심조' 사상을 가장 잘 나타내는 것이기도 하다.

원효가 의상과 함께 당나라 유학길에 올랐다. 밤이 깊어 어느 무덤 앞에서 잠을 자다가 목이 말라 물을 마셨는데, 날이 새 깨어 보니 그 물이 해골에 괸 물이었음을 알았다. 이에 원효는 사물 자체에는 정(淨)도 부정(不淨)도 없고, 모든 것은 오로지 마음에 달려 있음을 크게 깨달았다. 그 길로 유학을 포기하고 돌아왔다.

이렇듯이 긍정적으로 마음을 먹는다는 것은 인생을 살아가는 데 있어 가장 중요한 요소다. 살아가다 보면 우리의 삶에 악영향을 주는 시련과 고통, 좌절이라는 부정으로 만들어진 도로를 걸을 수도 있다. '마음가짐'은 누구에게는 삶을 살아가는 큰 교훈과 보약이 되는 반면, 다른 누군가에게는 삶을 포기하게 하는 핑계를 제공하게 만들어 줄 것이다.

만약 당신이 주위 환경이나 자기가 현재 처해 있는 상황에 대해 비관하고 불평 섞인 모습으로 비쳐진다면, 주변 사람들은 당신의 곁에서 소리 없이 서서히 떠나게 될 것이다. 그렇게 되면 더욱 세상과 고립되고 비관하는 삶을 살게 되어 결국 비관과 불평으로 가득 찬 악순환의 환경에 적응되어 살아가는 인생으로 삶을 마감하게 될 것이다.

자! 이제부터 이러한 부정적인 악순환의 고리를 긍정이 가득한 희망의 도끼로 끊어 보자. 오늘부터라도 긍정의 힘으로 삶의 태도를 긍정적인 방향으로 바꿔 보도록 하자. "하늘이 나에게 뭔가 큰일을 맡기기 위해 지금 이런 시련과 고통을 주는구나. 오히려 감사하는 마음으로, 나에게 마음의 수련을 시켜 주셔서 고맙습니다."라는 생각을 가지고 생활에 임하게 된다면 주변 사람들은 시선이 달라질 것이고, 구름 떼처럼 당신 곁으로 달려들 것이다.

또한 주위 사람들에게 긍정적인 사람이라는 인식을 심어 주게 되면 더욱 좋은 인맥들과 긍정적인 교류를 하게 될 것이고, 일이든 건강이든 자신의 하고자 하는 일들에 대한 성공의 지름길을 쉽게 발견할 수 있게 될 것이다. 이처럼 삶에 대한 긍정적인 마음먹기는 삶에 있어 꼭 필요한 태도라 하겠다.

굿바이! '화'

과거에 화(火)병이라고 하면 '고부간의 갈등' 등으로 여성들에게서 찾을 수 있는 대한민국만이 가지고 있는 유독 강한 일종의 '울화병'이었다.

화병은 세계 정신의학회에 등록돼 있으며 보통 울화병이라고 한다.

95년에는 미국 정신의학회에서 화병을 "한국의 민족증후군의 하나이며 분노와 억제로 인해 발생한다."고 설명할 정도로 우리나라에서 많이 발생하는 질환이다.

원인은 스트레스가 해소되지 못하고 오랫동안 가슴에 쌓여 발생한다는 것이다. 최근 평생직장 개념이 무너지면서 직장에서의 경쟁이 치열해지고 가정에서도 차츰 가장의 권위를 상실하면서 남성에게도 화병이 많이 나타나고 있다. 특히 남성의 경우 감정표현을 억제하고 불만을 가슴속에 쌓아 두는 것을 미덕으로 여기는 문화적 배경 때문에 드러나지 않는 화병 환자가 점점 증가하고 있다고 한다.

현재 화병환자 연령이 점점 젊어지고 있다. 대학 졸업을 앞둔 학생의 취업 불안 등에서 오는 화병에서부터 구조조정의 공포에서 오는 직장인의 화병에 이르기까지 폭넓게 확산되고 있는 추세이다.

요즘은 초등학생들에게도 잠재적으로 화병을 일으킬 수 있는 요소들을 발견할 수 있다. 빡빡한 학원 스케줄, 어렸을 때 활발하게 신체활동을 해야 할 시기인데도 마음속에 내재되어 있는 에너지를 발산하지 못하는 환경 속에 사는 아이들도 스트레스를 동반한 화(火)병의 굴레에서 벗어나지 못하고 있다. 요즘은 머리 위쪽에서 열이 많이 나고 호흡곤란, 식욕감퇴, 불면증 등으로 병명을 모르고 병원을 찾아왔다가 화병이라는 진단을 받고 놀라는 사람들이 많아졌다는 것이 신경정신과 전문의들의 진단이다. 마음에 억울함이나 한이 남아 있는 듯한 느낌이 들고 자주 화가 나거나 삶이 허무하게 느껴지는 것도 화병을 일으키게 만드는 증상이다.

외국인들이 한국에 방문하면 놀라는 것 중에 한 가지가 "한국 사람들은 참 급하다."라며 놀라움 속에 걱정 어린 시선으로 바라보는 경향이 많다. 물론 급한 성격을 가지고 있는 사람들이 '화'병에 걸릴 수 있는 확률이 높다는 것은 부인하지 않겠다. 그러나 '급하다'는 것은 꼭 부정적으로만 해석해야 할 것은 아닌 것 같다. 급하다는 말을 달리 해석하자면 "일을 처리하는 속도가 참 빠르다."이다.

요즘 매스컴 광고를 보면 마음에 와 닿는 광고문구가 있다. 지금은 정확한 문구가 기억이 나지 않아 조금 각색해서 적어 보도록 하겠다.

"우리나라가 인터넷 최강국이 될 수 있었던 것은 하고자 하는 일을 빨리 처리하고자 하는 마음이 있었기 때문입니다. 우리나라 조선업이 세계최강국이 될 수 있었던 것은 하고자 하는 일을 몸으로 빠르게 실행했기 때문에 가능했습니다."라는 광고 내용만 봐도 빠름을 중시하는 사회적 풍토를 생각하지 않을 수 없다. 모든 일들을 일사천리로 처리하는 것은 많은 긍정적인 결과를 가져올 수 있다. 하지만 '빠름'이라는 성질에는 우리의 성격과 분노들을 동시에 수반하게 만드는 양면성을 가지고 있다.

성질이 조급한 사람은 타는 불과 같아서 닥치는 일마다 태워 버린다. 남에게 은혜를 베풀기를 즐기지 않은 얼음과 같은 마음으로 닥치는 것마다 얼려 죽이며, 기질이 따분하고 고집 있는 사람은 흐르지 않고 고여 있는 썩은 물처럼 돌변시키게 만든다.

본인이 화를 잘 내는 성격인지는 어떻게 알 수 있을까? 윌리엄스 박사는 그런 사람들은 공통적인 특징이 있다고 말한다. 매사에 부정적으로 세상을 바라보고 공격적이며 냉소적이며 다른 사람들을 불신하며 그들의 행동을 경멸한다는 것이다.

그는 매일 매일 적대감을 느꼈던 사례들을 기록하라고 권한다. 즉 화가 나서 자동차 경적을 마구 눌러 대는 것과 같은 공격적 행동과 회사 사장은 얼간이 바보라고 비웃는 것 같은 부정적인 생각들을 기록하라는 것이다. 그런 사례가 하루 3~4건 되면 적대감은 건강을 해칠 수 있는 수준으로 볼 수 있다고 했다.

그리고 가장 위험한 사람은 화를 내든 내지 않든, 적대적 성격의 소유자이다. 2001년 「미국 역학 저널」에 발표된 연구 보고서에 따르면 평소 화를 잘 내는 사람은 태평한 사람에 비해 심장발작을 일으킬 위험이 2배 이상 높다고 한다. 또한 다른 연구 논문에서는 화를 잘 내는 여성이 차분한 여성에 비해 콜레스테롤이 높거나 과체중인 경우가 4배나 되는 것으로 밝혀졌다.

이러한 성격의 소유자는 갖가지 질병이 많다. 많이 먹고 담배를 많이 피우며 술도 많이 마시기 때문이다.

또한 화가 나면 스트레스 호르몬이 과도하게 분비되면서 심박동과 혈압이 올라간다. 스트레스 호르몬이 과다 분비되면 동맥과 심근을 손상시켜 심박동을 불규칙하게 만든다. 또 혈관을 수축시켜 혈관에 붙어 있는 플라크를 이탈시킴으로써 동맥을 막아 심장발작을 일으킨다.

과도하게 분비된 스트레스 호르몬은 면역체계를 파괴시키기도 한다. 과학자들의 연구에 의하면 적대적인 성격을 가진 사람은 온화한 사람보다 종양세포를 파괴하는 면역세포의 힘이 약하다는 사실도 밝혀졌다. 그러므로 화를 내면 낼수록 건강에 해롭고 생명이 단축된다는 결론을 이르게 만든다.

당신은 어느 정도 화를 내고 있습니까?

하버드 대학 연구팀은 분노와 심장발작에 관한 장기간에 걸친 연구에서 다음과 같은 질문을 이용해 사람들이 화를 내는 수준을 측정했다. 이 연구팀은 화를 내는 정도가 심할수록 심장발작 위험이 커진다는 사실을 알아냈다. 질문 1에서 15까지는 '그렇다'고 생각될 때 1점씩을 주고 16번 질문은 '아니다'라고 생각되는 경우에만 1점을 준다.

쌓여 있는 현대인들의 생명을 단축시키게 만드는 화. 그 화를 적극적으로 해소하기 위해 여러 가지 방법들을 동원한다. 물건들을 부순다거나 피트리스에 가서 샌드백을 열심히 친다거나 노래방에 가서 신나게 노래 부르며 마음속에 내재되어 있는 스트

❶ 욕을 하고 싶을 때가 가끔 있다.

❷ 물건을 때려 부수고 싶은 때가 종종 있다.

❸ 왜 신경질이 나고 기분이 나빴는지 모를 때가 자주 있다.

❹ 누군가와 주먹다짐을 하고 싶을 때가 가끔 있다.

❺ 남에게 쉽게 짜증을 낸다.

❻ 성미가 급하다는 말을 자주 듣는다.

❼ 줄을 서고 있는데 누가 내 앞쪽에서 새치기를 하려고 하면 가만두지 않는다.

❽ 무례한 사람을 거칠게 대한 적이 가끔 있다.

❾ 신경질을 내고 짜증을 부려 미안해하는 경우가 자주 있다.

❿ 누가 빨리 하라고 채근하면 화가 난다.

⓫ 난 고집이 세다.

⓬ 너무 화가 나고 흥분해서 내가 왜 그러는지 모를 때가 종종 있다.

⓭ 술을 마시면서 화가 나 가구나 접시를 박살 낸 일이 있다.

⓮ 어느 누군가에게 너무 화가 나서 폭발할 것 같은 기분이 든 일이 있다.

⓯ 너무 화가 나 몸싸움을 하다 누군가를 다치게 한 일이 있다.

⓰ 자제력을 잃는 경우가 거의 없다.

0~1점 온화한 성격

: 분노에 의한 심장발작이 발생할 위험이 낮음

2~4점 보통 성격

: 분노에 의한 심장발작 위험이 온화한 사람에 비해 2.7배 높음

5~7점 다혈질 성격

: 분노에 의한 심장발작 위험이 온화한 사람에 비해 3.5배 높음

레스를 바깥으로 쏟아 내기 위해 분주하게 움직일 것이다.

미국 아이오와주립대학교에서 다음과 같은 연구를 했다. 연구진은 지원자를 모아서 화를 터뜨리는 좋은 방법에 어떤 것이 있는지를 실험했다. 먼저 지원자를 따로 격리시킨 후 모욕적인 논쟁을 시켜 화를 불러일으켰다. 그리고 잔뜩 화가 난 상태에서 한쪽 그룹은 샌드백을 치면서 화를 터뜨렸고, 한쪽 그룹은 아무것도 하지 않았다. 과연 샌드백을 치며 화를 터뜨린 쪽은 진정이 되었을까?

그 결과는 흥미로웠다. 화를 터뜨린 쪽과 그렇지 않은 쪽의 공격성을 측정한 결과, 터뜨린 쪽의 공격성이 두 배나 높게 나온 것이었다. 아이오와주립대학 심리학과 브레드 부시맨 교수의 말이다.

"사람들이 화를 터뜨리는 것은 어떻게 하면 좀 더 공격적이 될 수 있는지 연습하는 것과 마찬가지입니다. 주먹으로 치고 발로 차고 소리를 지르는 그런 행동들은 사람들을 더 화로 가득 차게 하고 더 공격적으로 만드는 것이죠. 결과적으로 화를 잘 내는 사람은 조절하는 사람에 비해서 뇌졸중에 걸릴 확률이 무려 2배나 높았으며, 화를 무조건 억누르는 사람의 경우는 고혈압의 발생률이 높았습니다."

이 실험의 결과를 종합해 보면 화를 잘 터뜨리는 사람은 공격적으로 변하게 되어 뇌졸중으로 이어지게 만들어 위험하게 하고, 화를 마음속으로 억누르는 사람은 고혈압으로 이어지게 만들어 위험에 빠질 수 있다는 것이다. 따라서 화는 자신의 상황에 맞게 적절하게 대처해야 한다는 것으로 슬기로운 지혜가 필요하다 하겠다.

틱낫한 스님의 저서 「화」에서도 "화가 일어났을 때 우리는 호흡과 보행을 자각함으로써 자각의 씨앗이 마음속에서 싹을 틔워서 에너지를 생성하게 해 주어야 한다. 화에서 벗어나는 길은 여러 가지가 있지만, 내가 이 세상에 홀로 존재하는 생명이 아니라는 것을 이해하고 통찰하는 것이 가장 깊은 위안을 얻기 위한 최선의 길임을 우리는 늘 기억해야 한다."라고 말했다.

화를 폭발시키면 심장질환에서 암에 이르기까지 갖가지 건강상의 위험에 빠질 수 있다는 것을 알았다.

자! 그러면 불행하게도 화를 참으면 화를 내는 것과 마찬가지의 신체적 반응이 어떻게 움직이게 되는지에 대해 부연설명하도록 하겠다.

발끈하며 화를 내도 나쁘고, 속으로만 부글부글 끓이는 것도 좋을 것이 없다면 어떻게 하는 것이 건강을 해치지 않는 방법일까? 간단히 말하면 자기 자신이 분노나 나쁜 감정들을 스스로 다스리고 관리해야 한다는 것이다. 즉 감정을 묻어 버리지도 않고 그렇다고 감정에 굴복하지도 않는다는 것이다.

그러면 화나 분노를 해결하려면 다음과 같은 분노 조절비결을 알아야 한다.

첫째, 상대방의 입장이 되어 거꾸로 생각해 보고 역지사지(易地思之)의 생각으로 상대방의 장점을 찾아내는 것이다.

화를 잘 내는 사람은 다른 사람이 취하는 행동의 동기를 불신하는 경향이 있다. 다른 사람의 행동이 굼뜨다든지 무례하다든지 무신경하다든지 하는 것이 자신의 마음에 걸린다 해도 다른 사람의 입장에 서서 초연하는 마음의 자세로 가지고 임하는 것이다.

버지니아 공대 심리학 교수 스콧 켈러는 스스로에게 이렇게 말하라고 권고한다. "저 사람이 의식적으로 꾸물거리는 것은 아냐. 능력이 모자라니까 자기도 모르게 그러는 거겠지."라고 말이다.

사람을 한번 부정적으로 보기 시작하면 사소한 말 한마디 한마디를 부정적으로 해석하려 하는 습성을 가지고 있다. 한 번 사랑하는 마음으로 보면 곰보도 예쁜 보조개로 보인다. 연인들이 사랑에 눈이 멀면 사랑하는 사람의 장점만 보이다가 막상 결혼에 골인하게 되면 수많은 단점들을 하나하나 보게 되면서 후회하고 실망으로 이어지게 되는 경우가 될 것이다.

둘째, 나는 신처럼 완벽한 존재가 아닌 불완전한 존재인 사람이기 때문에 나는 불완전한 판단을 할 수 있다는 '정신적 시각 장애인'이라는 것을 받아들여야 한다.

렌즈가 오목렌즈인지 블록렌즈인지에 따라서 똑같은 사물을 평가하는 결과가 달라진다. 빨간색 안경을 쓰고 사물을 바라볼 때와 노란색 안경을 쓰고 사물을 바라볼 때 받아들이는 결과물은 확연히 다를 수밖에 없다는 뜻이다.

똑같은 외과의사가 X-RAY로 분석했느냐, CT로 분석했느냐, MRI로 분석했느냐에 따라서 똑같은 질병도 종기라는 판단이 나올 수도 있고, 암이라는 판단이 나올 수도 있다는 것이다.

셋째, 모든 것이 '남 탓'이 아니라 '내 탓이다' '내가 잘못했다'라는 마음가짐으로 생활에 임하는 것이다.

남을 배려하는 마음으로 상황을 판단한다면 감정이 누그러지고 마음이 편안해지는 것을 경험하게 될 것이다.

넷째, 내가 화를 내면 손해인지 이익인지에 대해서 이해득실을 꼼꼼히 따져 본다.

화가 날 때마다 스스로에게 이렇게 질문해 보자. 첫째, 화를 낼 만큼 그토록 이 상황이 중요한가? 둘째, 내가 이런 상황에서 화를 내는 것이 적합한가? 셋째, 화를 낸다고 상황이 달라질 수 있을까? 넷째, 이런 상황에 화를 내어 대응할 만한 가치가 있을까? 이런 생각을 늘 염두에 두고 생활에 임한다면 화, 분노에 대해 대처할 수 있는 합리적인 사고의 틀이 깊어지고 그러다 보면 화는 가라앉게 될 것이다.

화는 생리학적으로 볼 때에도 건강에 전혀 도움이 되지 않는다. 화를 내게 되면 근육이 수축되고, 면역세포의 활동이 약화되며, 두뇌 신경회로가 교란되고 분노하면 할수록 스트레스가 가중되어 결국 아무리 운동을 열심히 한다 해도 일찍 죽게 되어 육체적으로나 정신적으로 상당한 손해를 입게 된다.

구체적인 예로 들어가 보도록 하겠다. 분노하기 시작하면 뇌에서 노르아드레날린 호르몬이 분비되고 두려움이 생기면 아드레날린 호르몬이 분비된다. 이러한 호르몬은 근육을 수축시키는 독성물질을 포함하고 있어, 육체를 한순간 바짝 긴장시켜 구타를 당하기 직전의 긴장 상태로 만든다.

그 결과 혈액순환은 나빠지고 말초혈관에 산소가 공급되지 않게 되므로 조직이 경과된다. 이때 인체 내부에 들어온 산소는 자신의 역할을 수행하기 위해 강력한 산소로 돌변해 바뀐다. 이처럼 강력하게 바뀌는 산소가 활성산소인데, 이 활성산소는 몸속의 지방과 결합하여 노화물질인 과산화지질로 바뀌고 이 과산화지질은 칼슘이 달라붙기 쉬워 나중에 혈관이 딱딱하게 굳는 혈액순환 장애를 일으키며 DNA 유전자의 변형으로까지 일으켜 급기야는 암까지 발생시키는 치명적인 독성물질로까지 이어질 수 있다.

위와 같은 현상은 안절부절못하거나 초조해하며 불안해도 마찬가지다. 직장인들이 상사한테 꾸중을 들어 울컥하거나 안절부절못하고 초조해지면 수돗물을 살균할 때 쓰는 치아염소산(HOCI)이 발생하고 여기에 암모니아가 달라붙으면 모노클로로아민이라는 심각한 발암물질로 변할 수 있다는 것이다.

또 화를 내면 혈당이 올라가 당뇨병에 걸리기도 한다. 인체에는 혈당을 내리는 인슐린과 혈당을 올리는 호르몬인 글루카곤이 있는데 혈당을 높이는 호르몬인 글루카곤이 분비되기 전에는 반드시 아드레날린이나 노르아드레날린이 먼저 분비되고 췌장으로 하여금 글루카곤을 분비하도록 유도시켜 혈당치를 높인다는 것이다.

그러므로 자주 화를 내거나 흥분하는 일이 되풀이되어 아드레날린이나 노르아드레날린이라는 호르몬이 분비될 확률이 높아지고 그 빈도가 잦을수록 혈당의 수치는 자꾸만 올라가는 악순환이 계속해 이어진다는 것이다.

우리 인간의 유형에는 크게 상대방이 말을 느리게 하면 참지 못하고 끼어들어 주먹을 쥐거나 책상을 손가락으로 치는 적대적이고 공격적인 타입A형과 인간과 포탄이 떨어지는 와중에도 잠을 잤던 처칠 수상과 같은 느긋한 타입B형인 두 가지의 유형이 있다(1959년 미국의 심장병 전문의 프리드먼 박사가 분류한 것으로 A형은 성취 지향적이고 강박적인 성격의 소유자이며, 한 번에 두 가지 일을 할 정도로 항상 조급하고 쉼 없는 도전을 한다. B형은 반면 생활의 균형과 편안한 마음의 여유를 즐기는 성격의 소유자이다).

그런데 타입A형의 사람들이 가지는 감정 중에서 가장 위험한 것은 적대감이다. 만성적으로 적대적이면서 공격적인 사람은 화를 잘 내고, 냉소나 모욕적인 언사를 자주 하는 특성이 있어 코티졸(혈당을 높이는 작용) 분비량이 2배나 높고 남을 지배하려는 특성이 있어 심장의 관상동맥이 2배정도 손상을 입는다. 과학적으로 밝혀진 통계에 의하면 지배계급이 피지배계급보다 관상동맥이 2배정도 손상을 입는다고 했다.

또한 심리학자들의 말에 의하면 다른 사람에게 화를 잘 내는 사람들의 특징은 비난, 자기방어, 공격성 등을 포함하는 호전적인 반응을 보이고, 그들은 자기 자신을 향해서도 곧잘 분노의 감정을 표출한다는 것이다. 그들에게 있어 분노의 감정은 미처 알아차릴 틈도 없이 저절로 일어나며 습관적으로 반복되는 경향이 있고 다른 사람에 비해 술이나 담배에 의존하는 경향이 강하다고 했다.

반면에 웃음은 20초 동안만 웃어도 3분 동안 노 젓는 효과가 있으며 뇌의 혈류량을 증가시키고 귀로 들어가는 공기의 양을 늘림으로써 뇌의 온도를 낮추게 된다. 그렇게 되면 NK세포가 활성화되며 쾌감물질인 베타 엔돌핀이 분비되어 온몸의 면역세포가 적극적으로 활동하게 된다는 것이다.

그러므로 분노나 화를 내는 것은 신체적, 정신적, 경제적, 심리적으로 사회전반에 걸쳐 부정적인 영향을 미치는 반면에 웃음은 긍정적인 기분으로 전환시킴과 동시에 생활에 활력을 미치게 해 준다는 것이다.

마음속의 화가 뒤틀리면 인생도 뒤틀리고 화가 술술 풀리면 인생도 술술 풀리게 된다는 뜻이다.

따라서 화를 일방적으로 밖으로 표출시키거나 몸 안에 억누르기보다는 상황에 맞추어 슬기롭게 화에 대한 이해득실을 생각하며 해결하려하는 지혜가 필요하다 하겠다.

긍정! 상상의 세계로

긍정적인 마인드로 생활에 임하는 사람의 얼굴 표정과 부정적인 마인드를 가지고 생활에 임하는 사람은 얼굴 표정을 통해서도 고스란히 다르다는 것을 알 수 있다. 얼굴 표정은 '마음의 창'이라고도 말한다. 사람의 살짝 웃음기 있는 표정과 행동은 상대방에게 편안함과 즐거움이라는 기쁨의 영양 보습제를 선사해 준다.

1983년 미국 캘리포니아대학교 의학부에서 진행한 재미있는 실험 결과가 있다. 그 실험에 의하면 "사람은 미소를 띠면 기분이 좋아지고, 얼굴을 찡그리면 분노가 솟아나며, 미간을 찡그리면 고민에 휩싸인다."는 것이다.

무서운 상상을 한다든지, 아니면 실제로 높은 산을 올라 낭떠러지를 바라본다든지 하면 누구나 불안과 공포에 떨게 되어 있다. 이때를 상상하며 그렇게 불안에 떠는 표정을 10초간 짓는 것만으로도 진짜 공포체험을 할 때처럼 근육이 굳어지고 체온이 떨어진다는 것이다.

또한 마음으로만 공포 체험을 상상하는 경우에는 육체적으로 공포 체험을 한 것과 같은 상태에 이르는데 30초가 걸렸다고 한다. 결국 머릿속으로만 상상을 했을 뿐인데도 실제와 같은 공포를 체험할 수 있다는 것만 봐도 상상력의 힘을 실생활에 접목할 필요가 있겠다.

지금부터 자신이 하고자 하는 일에 늘 긍정적으로 원하는 방향으로 흘러가고 있다며 스스로 상상해 보도록 하자. 그러면 그렇게 이루어진다. 상상력은 의지력보다 10배나 강하다고 한다. 오스트레일리아 보험업계 최고의 세일즈맨인 브라이언 에드워드의 성공비결은 다른 것이 아니었다. 그는 늘 긍정적인 상상력을 활용했다.

그는 매일 밤 잠자리에 들기 전 10분씩을 다음 날 자기가 방문할 장소와 거기에서 만나게 될 고객을 미리 상상해 보는 데 바쳤다. 모든 상황을 구체적으로 떠올린 다음, 사람들이 자신을 반갑게 맞이하는 모습과 자신의 권유에 따라 기꺼이 보험에 가입하는 모습을 '이미 일어난 일인 것처럼' 상상으로 체험했다.

다음 날 아침 눈을 떠서도 다시 10분 동안 그런 상상을 반복하고 많은 실적을 올린 알찬 하루를 보냈을 때를 상상하며 그 기쁨에 흠뻑 젖었다. 그는 다른 사람이 6개월 걸려도 올릴 수 없는 약정고를 단 일주일 만에 달성하는 기록을 세우면서 성공을 계속해 나갔던 것이었다.

그가 한 일은 무엇인가? 그는 자신이 바라는 결과를 '이미 일어난 것처럼' 믿고 긍정적인 마음을 가지고 생각하며 느꼈던 생활을 한 것뿐이었던 것이다. 그는 자신이 하는 일의 결과를 미리 체험했던 것뿐이었다. 노력의 대가로 찾아올 즐거움과 행복을 앞당겨 느낌으로써 노력과 보상 사이의 시간적 거리를 단축한 것이었다. 그럼으로써 자신의 일을 즐거운 것으로 만들었고 그 즐거운 일에 늘 몰두했던 것이었다.

바라는 일이 이미 이루어졌다고 상상하면서 자신의 일을 해나가는 것은 대단히 위력적인 방법인 것 같다. 상상 속에서 소원이 성취되었을 때의 기쁨과 실제 속에서 소원이 성취되었을 때의 기쁨은 본질적으로 다를 바가 전혀 없다. 아니 자신의 앞날의 결과를 미리 체험한 것이 현실로 이루어졌을 때의 기쁨은 더욱 크게 느껴질 것이다.

주위의 사람들을 보면 앞날의 일을 생각할 때 늘 긍정적인 방향보다는 부정적인 방향으로 크게 확대 해석하는 분들이 의외로 많다. '나는 안 될 것 같아', '실패할 것 같아', '결과는 뻔해'

등…… 이런 부정의 상상으로 자신의 뇌 속에 부정의 씨앗을 심으려 한다는 것이다.

마음가짐에서 가장 중요한 것은 자신의 잠재력의 믿음이다. 그 다음으로 목표설정에 대한 포기하지 않는 긍정의 믿음이 지속적으로 이어질 때 자신이 상상한 방향으로 결과가 도출될 수 있다는 것이다.

영국의 정신의학자인 하드필드가 밝힌 실험 결과는 대단히 흥미롭다. 그의 실험결과는 긍정적인 정신적 자기암시가 육체에 얼마나 커다란 영향을 주는가에 대한 것이다. 3명의 남자에게 보통의 상태에서 힘껏 악력계를 쥐게 했을 때 그들의 평균 악력은 101파운드였는데 그들에게 '당신은 참으로 약하다.'고 부정적으로 상상하게끔 암시를 준 후 다시 재어 보았더니 겨우 보통 힘의 1/3이하인 29파운드로 떨어졌다고 한다.

이번에는 '당신은 강하다.'고 긍정적으로 상상하게끔 암시를 준 후 다시 재어 보았더니 142파운드에 달하는 결과가 나왔다. 앞서와는 달리 나는 강하다는 긍정적인 정신상태로 충만해지자 그들의 체력은 소극적이고 부정적이었던 상태보다 무려 500%나 힘이 증가했다는 것을 보여 준다.

'난 약하다!', '난 할 수 없겠어.' 등 부정적인 자기암시로 살아가는 사람은 소극적일 수밖에 없다는 것을 단적으로 보여 준다. '난 강하다! 난 뭐든지 할 수 있겠어.'라는 긍정적이고 적극적인 자기암시와 상상의 뿌리를 뇌 속 깊숙이 심어야겠다.

본 필자가 태권도 수련생 중 초등학생들을 상대로 긍정적인 생각을 하고 있었을 때와 부정적인 생각을 가지고 있었을 때의 주의집중도를 알아보기 위해 실험을 해 보았다. 긍정적인 그룹(10명)과 부정적인 그룹(10명)으로 나누어 실험에 들어갔다.

측정방법은 두 그룹으로 나누어 실험 전 1차 검사를 측정하였다. 그리고 다음 날 긍정적인 그룹에게는 긍정의 말을 통해 진행한 후 2차 검사를 측정하였고, 부정적인 그룹에게는 부정의 말을 통해 진행한 후 2차 검사를 측정하였다. 그 후 1차 측정 및 2차 측정을 통해 자료 처리 및 결과를 분석해 보았다.

주의집중력 사고방식의 실험설계는 다음과 같다.

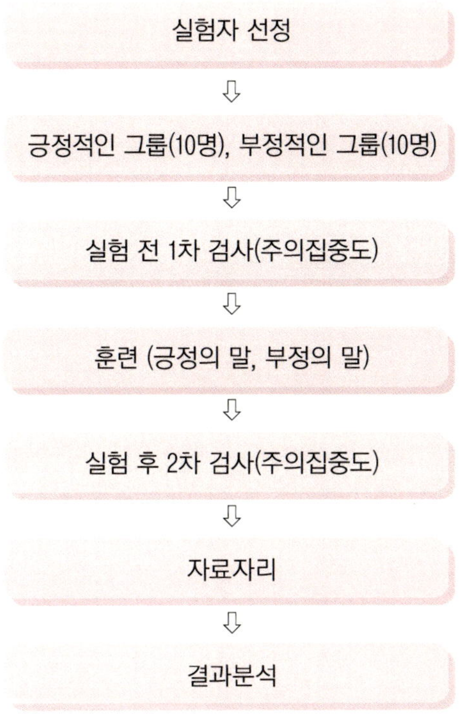

지금부터 긍정적인 그룹에서 사용했었던 내용들을 이야기해 보도록 하겠다.

"애들아! 오늘 어제와 달리 기분이 좋아 보인다. 좋은 일 있니?"

"예! 사부님. 오늘 학교에서 상 받았어요."

필자는 재빠르게 긍정적인 분위기를 만들기 위해 옆에 있는 친구에게 말을 건넸다.

"야, 오늘 따라 도복이 멋있네! 오늘 즐거운 게임할까?"

그러자 주위에 있는 모든 수련생들이 즐거운 표정으로 즐거워하며 "예, 오늘 게임하고 싶습니다."라며 힘차게 말했다.

필자는 최대한으로 긍정적인 마음을 도출시키기 위해 체육의 지식과 운동생리학적 지식을 활용하기 시작했다.

"오늘 따라 너희들이 즐거워하는 모습을 보니 사부님도 상당히 기분이 좋아지기 시작한다."

"지금 너희들의 마음속에는 베타 엔도르핀이라는 호르몬이 분비되고 있다. 또한 단백질이 활발히 분해되어 가고 있어 육체적 스트레스를 해소하는 부신피질과 정신적인 스트레스를 해소하는 베타 엔도르핀이 분비되고 있다."

그러자 호기심이 많은 아이가 "사부님, 베타 엔도르핀이 뭐예요?"하고 물어보기 시작했다.

"응, 베타 엔도르핀이란 지금 너희들 머릿속에 있는 뇌 속에 즐거워할 때 만들어지는 즐거운 호르몬이야."

"베타 엔도르핀이 만들어지면 몸속을 스스로 치료할 수 있는 자연치유능력이 향상되지. 또한 혈액순환이 원활이 잘 되어 수명을 연장시키고 젊음을 촉진시키지."

"와! 너희들 전보다 더욱 활짝 웃고 있네. 그래 지금처럼 활짝 웃고 있으면 되는 거야."

"애들아, 건강하게 오래 살고 싶은 사람 손 들어 봐."

그러자 모든 수련생들이 하나같이 "저요, 저요" 하며 손을 번쩍 들었다.

나는 주의집중력 실험을 하기에 앞서 마지막으로 부산 대동대 조영춘 교수의 「합장박수와 왕복달리기 운동강도에 관한 연구」란 논문에서 "30초간 박수를 치면 10미터 왕복달리기(20미터)와 맞먹는 운동효과가 있다."라는 정보를 수련생들에게 근거로 제시한 후 이렇게 말했다.

"애들아, 너희들 몸속에는 오랜 살 수 있게끔 도와주는 호르몬이 만들어지고 있는 중이야. 여기에 사부님이 중요한 사실 하나를 알려 줄게. 박수를 큰 동작으로 빠르게 30초간 치면 20미터를 달리는 것과 맞먹는 운동효과가 있대. 자! 다 같이 빠르게 큰 동작으로 30초간 치도록 하자. 누가 가장 멋지고 빠르게 치는지 유심히 살펴볼게. 지금부터 시~작!"

수련생들은 30초간 즐거운 마음으로 빠른 행동으로 박수를 치기 시작했다.

박수소리가 멈추자 나는 "수고했다. 박수치기 전보다 더욱 활기차 보이는데. 오늘 게임 넘 잘 되겠다."라며 칭찬을 아끼지 않았다.

곧바로 수련생들에게 주의집중력 용지를 하나씩 나누어 준후 "얘들아, 이 용지는 어제와 똑같은 주의집중력 용지야 기억나지?"

"지금부터 어제와 똑같은 방식으로 시작하는 거야. 알았지?"

"지금부터 3분 줄게."

"자, 시작!"

그러자 아이들은 즐거운 마음으로 주의집중력 용지에 하나하나 체크하기 시작했다.

1분쯤 지나자 나는 "이야! 어제보다 체크 속도가 빠르네 지금 너희 몸속에 엔도르핀이 팍팍 만들어지고 있구나. 축하한다. 야! 야!야! 어깨 속도 봐라. 지금 기계모터보다 더욱 빠르게 움직이네."

주위에 있는 수련생들에게도 나는 칭찬을 아끼지 않았다.

"얘들아, 오늘 왜 이래? 체크 속도가 다들 제정신이 아니야. 오늘 누가 가장 많은 엔도르핀을 만들어냈는지 검사해야겠다. 체크가 가장 많은 친구가 뇌 내에서 가장 많이 엔도르핀을 만들었겠지?"

이런 긍정과 칭찬을 계속해 말하며 최대한으로 긍정의 분위기를 만들며 진행해 나갔다.

다음으로 부정적인 그룹에서 사용했었던 내용들을 이야기해 보도록 하겠다.

"애들아! 요즘 너희 운동시간부 소문이 안 좋게 들리고 있다."

"눈감아! 오늘 무단횡단했거나 학교에서 욕한 사람 손들어. 사부님은 거짓말하는 사람 아주 싫어한다. 지금 양심을 속이는 사람 있다. 사부님은 알고 물어보는 거야."

그러자 수련생들은 하나같이 손을 슬그머니 들기 시작했다.

필자는 본격적으로 부정적인 언어로 최대한으로 암울한 분위기를 만들어 나가기 시작했다.

"지금 너희들은 아마 일찍 죽을 거야. 그러면 항상 너희들을 바라보며 사시는 부모님들은 상당히 슬퍼하시며 하루하루를 보내시겠지?"

"왜냐고? 학교에서 욕을 한 친구들은 몸속에 아드레날린이라는 호르몬을 만들고 있기 때문이지."

"아드레날린 호르몬이란 스트레스 호르몬의 일종으로 공포나 화나고 긴장할 때 분비되는 호르몬이거든. 이 호르몬은 맹독성이 있어 복어독과 뱀독 다음으로 독성이 강한 호르몬이거든."

"오늘 학교에서 욕 많이 한 사람 좋겠다. 지금 하늘나라에서 빨리 오라고 재촉하고 있어서."

그러자 수련생들의 얼굴에는 근심과 걱정 어린 표정으로 침통해지기 시작했다.

나는 최대한으로 부정적인 분위기를 만들기 위해 긍정적일 때 활용했던 패턴을 부정적인 이야기 방식으로 전개해 나가기 시작했다.

"어떡하냐? 지금 너희들의 몸속에 있는 단백질은 아드레날린 호르몬을 분비시켜서. 이 호르몬만 분비시키면 다행인데 다량의 활성산소가 함께 분비되거든."

"활성산소는 혈관이 수축하고 말초혈관에서 산소가 원활히 발생하지 않아 생기는 우리 몸에 악영향을 끼치는 산소이거든."

"지금 너희들 몸속에 있는 활성산소의 에너지는 지방과 결합하여 과산화지질이라 불리는 노화물질로 변하게 되어 동맥경화를 일으켜 너희들의 싱싱한 혈관들을 상하게 하고 각종 성인병을 차곡차곡 만들어 내고 있는 중이다."

심각한 분위기 속에 필자의 말을 경청하던 수련생들의 표정은 각양각색 어두워 보이기 시작했다.

곧바로 수련생들에게 주의집중력 용지를 하나씩 나누어 준 후 "애들아, 이 용지는 어제와 똑같은 주의집중력 용지야 기억나지?"

"지금부터 어제와 똑같은 방식으로 시작하는 거야. 알았지"

하며 힘없이 조용하게 말을 건넸다.

"지금부터 3분 줄게."

"자! 시작!"

그러자 아이들은 귀찮듯이 심각한 표정과 행동으로 주의집중력 용지에 하나하나 체크해 나가기 시작했다.

1분쯤 지나자 나는 "이것 봐라! 저, 저 체크하는 거 봐! 동그라미도 제대로 못하고 있네. 너, 임마! 미술학원에서도 이렇게 하니? 사부님이 알기로는 미술학원에서 열심히 한다고 선생님들의 칭찬이 자자했다는데, 사부님이 잘못 알아들었구나."

"쯧쯧쯧"

이 수련생은 각종 미술대회에도 출전해 많은 입상 경력을 자랑하는 실력 있는 아이였는데 필자는 최대한으로 부정적 분위기를 만들기 위해 노력해 나갔다. 물론 오늘 실험이 끝나고 나면 실험의 목적을 수련생들에게 상세히 설명해서 필자와 수련생들 간에 오해가 생기지 않도록 행동할 것이다.

필자는 3분간 최대한으로 부정의 분위기를 만들며 진행해 나갔다.

긍정적인 그룹과 부정적의 그룹의 주의집중력 결과치를 비교해 보도록 하겠다.

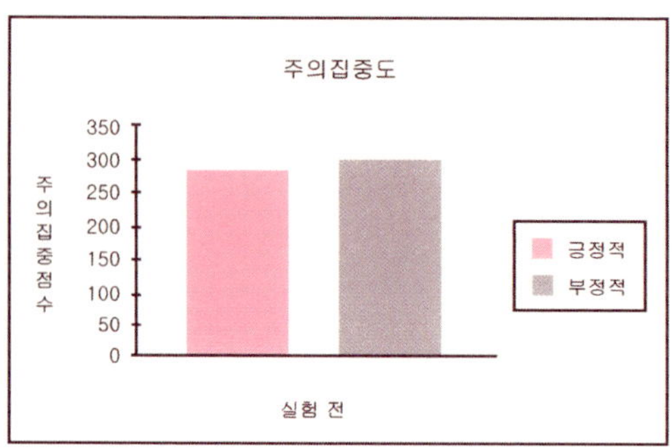

결과 <실험 전>

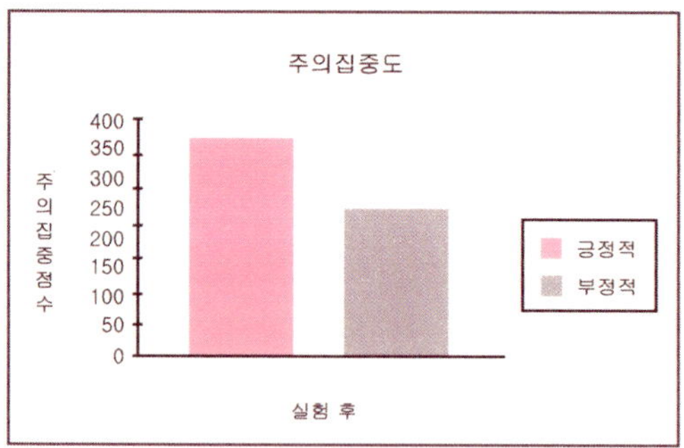

결과 <실험 후>

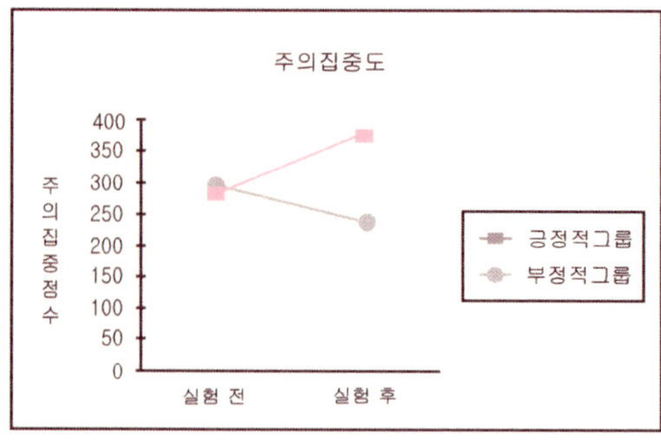

비교분석

이 실험의 주의집중력 그래프를 보면 알듯이 처음 실험에 들어가기에 앞서 실시한 실험에서는 긍정적인 그룹과 부정적인 그룹에 주의집중력 점수치의 결과는 크게 차이가 없었다.

하지만 긍정적인 그룹과 부정적인 그룹과의 2차 실험 후의 결과치에 대한 격차는 크게 유의한 차이가 있었다.

긍정적인 그룹에서는 즐겁고 활기찬 분위기 속에서 수련생들이 적극적으로 참여하자 주의집중력 점수치도 더불어 높아졌음을 의미할 때 긍정적인 분위기는 어른 아이 할 것 없이 누구나 좋은 결과를 도출시킬 수 있음을 이 실험에서도 통해서도 알 수 있다.

부정적인 그룹에서는 어두운 분위기 속에서 수련생들이 마치 못해 소극적으로 참여하자 주의집중력 점수치는 어제와 다르게 상당히 낮아졌음을 볼 때 부정적인 생각과 감정, 느낌은 건강에 악영향을 미치게 할 뿐만 아니라 일의 능률에서도 비효율적이라는 것을 위에 있는 그래프 결과를 통해서도 알 수 있다.

케릿 포터라는 어린이는 악성 뇌종양으로 6개월 시한부 인생을 선고 받았다. 동원할 수 있는 치료법은 이미 모두 시도해 본 뒤여서, 이 어린이에게는 이제 아무런 희망도 남아 있지 않았다. 한 번 쓰러지면 다시 회복할 가망조차 없는 상태였다.

그런데 이 어린이의 뇌에서 종양이 완전히 사라져 버리는 기적이 일어났다. 페트리샤 노리스 박사의 유도에 의해 '별들의 전쟁'을 시작한 지 5개월 만의 일이었다.

이 어린이는 자신의 뇌를 태양계로, 종양을 외계의 사악한 침입자로 상상을 하고 자신은 무적의 우주 전투 중대장이 되어 적을 무찌르는 마음속의 전투를 벌였던 것이었다. 매일 20분씩 '마음속으로만' 그런 상상을 계속한 것이 마침내 기적을 불러왔던 것이었다.

또 하나 '시각화'라는 상상훈련의 효과를 느꼈던 제임스 소령의 예를 하나 더 설명해 보기로 하겠다.

미국의 제임스 소령은 골프를 무척 좋아하긴 했지만 실력은 대단하지 않았다. 그는 베트남에서 포로가 되어 7년을 수용소에 갇혀 지내야만 했다. 그의 감방은 가로 세로가 가각 120cm, 150cm에 높이는 50cm여서 편하게 앉거나 다리를 뻗고 누울 수조차 없는 공간에서 생활해야 하는 처지였다.

그 공간에서 7년을 보낸 뒤 석방되어 귀환했을 때, 그의 골프 실력은 놀라울 정도로 향상되어 있었다.

평균 90타 대였던 그의 실력이 70타 대로 올라선 것이었다. 그동안 골프채를 쥐어 보지도 골프장에 발을 들여놓지도 못했음을 물론이다. 그 새장 같은 감방 속에서 그가 한 일이라곤 단지 '상상으로' 골프 연습을 매일 계속한 것뿐이었다.

네스맷 소령이 마음속으로 한 일을 가리켜 '시각화'라고 한다. 상상을 통한 시각화는 강력한 명상법의 하나이고 열정에 불을 지피게 만드는 강력한 도화선이다.

혹시 이런 상상이 결국 자신을 속이는 것 아니냐고 반문하는 사람도 있을 것이다. 하지만 '현재를 산다는 것은 미래를 만들고 있는 것'이라는 명제를 이해하는 사람이라면 결코 그런 말을 하지 않을 것이다.

건강의 적 스트레스

질 높은 삶을 살아가고자 하는 것이 사람의 공통된 마음이다. 동서고금을 막론하고 행복한 삶은 누구나 간절히 소망할 것이다. 하지만 육체적 건강과 정신적 행복을 방해하는 요소가 있다. 바로 '스트레스'이다.

사실 스트레스가 전혀 없는 생활은 불가능하다. 아니, 스트레스가 없는 것 자체가 스트레스일 수도 있다. 스트레스는 누구나 가지고 있는 공통된 명제이다. 특히 하루가 다르게 변하는 국내외적 환경으로 인해 치열한 경쟁 속에서 생활해야 하는 직장인, 주부들, 입시에 시달리는 학생들의 경우는 두말할 필요가 없을 정도로 극심한 스트레스에 시달리고 있는 상황이다.

하지만 스트레스라는 것은 이기려고 애를 쓰다 보면 점점 더 스트레스를 받게 되는 경우가 있다. 꼬리에 꼬리를 물듯이 악순환이 계속되는 것이다. 차라리 스트레스를 받을 만한 요소가 있다면 아예 시도를 하지 않아 스트레스를 받지 않으려고 노력할 것이다.

요즘 직장인들과 입시에 시달리는 학생들은 늘 피곤하다. 이른 새벽부터 밤늦게까지 그저 정신없이 일에 몰두하다 보면 하루가 가고 한 달이 금방 지나가 버린다. 돌이켜 보면 하루하루를 책상 앞에서 다람쥐 쳇바퀴 돌듯이 되풀이하며 시간을 보내는 것 같다. 하루의 목표달성을 위해 뒤나 옆을 돌아볼 여유도 없이 실적만을 위해 혹은 높은 성적만을 위해 앞만 보며 달리고 있는 것이다.

요즘은 직장인들보다 학생들이 더욱 스트레스를 받고 있는 것 같다. 고등학생들은 인생의 방향을 결정짓게 만드는 대학 입학이라는 높은 관문을 위해 공부 스트레스와 열심히 싸우고 있다는 것은 누구나 공감하고 있는 사실이다.

하지만 신체활동을 통해 열심히 활동해야 할 시기인 초등학생들도 하루하루를 눈코 뜰 새 없이 바쁘게 움직이는 것을 보면 한편으론 불쌍하다는 느낌을 많이 받는다. 인간의 성격형성의 결정적인 시기인 초등학교 시절에 성취동기를 위한 꿈과 다양한 체험학습을 경험시켜 주어야 할 시기인데도 불구하고 하루에 보통 3개 이상, 많게는 5개 이상의 학원 안에 갇혀 사는 것이 대한

민국 초등학생들이 처해 있는 현 주소이다.

어느 날, 한 고학년 수련생과 이야기한 것이다.

"사부님은 행복하시겠어요."

"왜?"

"공부도 안 하고 원하는 게임도 마음대로 할 수 있어서요. 저도 사부님처럼 공부 안 하고 싶어요."

"맞는 말이다. 사부님은 공부든 게임이든 마음대로 할 수 있는 선택권이 있지. 하지만 여기에도 분명히 전제조건이 있다. 자기에게 주어진 일에 소홀히 하게 되면 분명 그 대가는 네가 원치 않은 방향으로 받게 되지."

"너는 학생이야. 너도 어엿한 직업이 있어. 바로 열심히 공부해야 할 의무가 있다는 것이야."

"알아요, 사부님. 하지만 요즘은 너무 힘들어요. 난 중학생도 아닌데 매일 공부만 해요. 미칠 것 같아요. 빨리 어른이 되고 싶어요."

"왜? 빨리 어른이 되고 싶어 하지?"

"그거야, 당연히 지금처럼 공부 때문에 스트레스를 받지 않기 때문이죠."

필자는 수련생의 스트레스 지수가 상당히 높아져 있음을 상담을 통해 많이 느꼈다. 하루하루 스트레스를 받으며 생활하는 아이들을 위해 즐거운 생활을 만끽할 수 있도록 도와주는 조력자로서의 역할에 충실하고 있다.

만약 아이들이 어른들처럼 스트레스 지수를 스스로 조절하고 통제할 수 있는 마음가짐이 있다면 얼마나 좋겠는가……

스트레스는 만병의 근원이다. 스트레스가 고민으로 변하면 질병에 쉽게 걸리며 노화도 가속화된다. 괴로움을 주는 직장의 상관과 동료, 짜증나게 만드는 친구, 학교 성적 점수로부터 오는 심리적 불안감 등은 우리들의 스트레스 지수를 가중시킨다.

스트레스는 심리적, 생리적으로 일그러지고 찌그러진 상태를 말한다. 간단히 말하면 '싫다'고 받아들이는 것으로서 외부의 자극을 부정적이며 냉소적으로 받아들이는 것, 불안이나 걱정, 욕구불만이나 증오, 질투나 부러움, 열등감 등의 마이너스 발상이 스트레스에 속한다.

이러한 스트레스를 겪으면 우선 온몸의 기(氣)의 흐름이 막히고 혈관이 수축하면서 혈액순환이 나빠짐과 동시에 세포를 녹슬게 만드는 활성산소가 발생하기 시작한다.

그리고 활성산소는 지방과 결합하게 되면 노화물질인 과산화지질이라는 물질로 변하여 인체에 치명적인 손상을 입히게 만든다. 이처럼 치명적인 손상을 입히는 활성산소를 가장 많이 발생시키는 가장 큰 원인은 현대인을 질병의 구렁텅이로 몰아넣고 있는 스트레스라고 한다.

근육을 움직일 필요가 없거나 병원균을 몰아낼 필요가 없는데도 스트레스가 쌓이다 보면 세포를 녹슬게 만들고 노화와 성인병의 온상인 활성산소가 분비되어 체내에 있는 지방과 결합해 노화물질인 끈적끈적한 과산화지질로 변한다. 과산화지질은 칼슘과 달라붙기 쉽고 나중에 콘크리트처럼 딱딱하게 굳는 성질이 있어 혈관은 탄력성을 잃게 되고 혈액순환은 느려지기 시작한다.

혈액 속에는 면역세포가 있고 면역세포는 식균세포(민생 치안을 담당하는 경찰역할)와 군대역할을 하는 임파구인 NK세포(특공대 역할), T임파구(육, 해, 공군 역할), B임파구(병기창고 역할) 등이 있어 병원균의 침입을 막아 주게 되는데 혈액 순환이 느려지면 당연히 병원균으로부터 신체를 보호하는 신체의 방공시스템에 구멍이 뚫리면서 병원균의 침입을 허용하게 되고 면역능력이 떨어지게 되어 각종 질병에 걸리는 것이다.

스트레스에 대하여 계속해 설명하도록 하겠다.

스트레스는 뇌의 시상하부를 자극하고 시상하부는 다시 교감신경과 뇌하수체를 자극하여 카테콜아민이라는 호르몬이 분비되어 혈관을 수축시켜 혈압을 높이는 작용을 하고 코티졸(콩팥 위에 붙어 있는 부신에서 분비) 호르몬을 분비하여 포도당을

뇌와 근육에 신속히 공급하여 주나 말초혈관에는 공급해 주지 않는다. 코티졸 호르몬은 신체가 맹수 등에 공격을 받았을 때와 같이 생명에 위급함을 느끼는 비상사태가 발생했을 때만 응급 비상 에너지를 공급해 주는 역할을 하는 것으로서 말초혈관에 심각한 혈액순환 장애를 초래한다.

스트레스는 고혈압을 일으키는 주범이다. 스트레스 상태가 하루 종일 지속되면 귀가해서 집에서 잠자는 동안에도 혈압이 계속 올라간다는 것이다.

스트레스는 비만과 당뇨병을 불러일으킨다. 스트레스가 비만을 불러일으키는 이유는 스트레스를 받으면 음식을 마구 먹어 해소하는 경우가 많은데 이것은 음식을 먹으면 우리 몸 안에서 렙틴이라는 호르몬의 수치가 올라가게 되고 그러면 자동적으로 스트레스 호르몬인 코티졸 수치가 내려가게 되기 때문이다. 그리고 사람이 스트레스를 느끼면 스트레스 호르몬이 방출되어 혈당치가 높아지는데, 놀랍게도 걸어서 소모하는 칼로리보다 정신적인 스트레스로 인해 야기되는 혈당치가 더 많을 수 있다고 한다. 그래서 꾸준히 운동을 잘 하는데도 혈당량이 내려가지 않는 환자가 생기는 것이다. 이때 누군가가 환자와 같이 동행하면서 재미있는 분위기를 이끌어 가면 혈당량이 많이 내려간다. 그러므로 이왕 운동을 하려면 즐기면서 운동을 해야 하는 이유가 여기에 있다.

스트레스는 각종 암을 유발시킨다. 미국 일리노이 주에서 실험한 결과에 의하면 한국인 이민 1세대가 10만 명당 25명의 위암환자인 반면에 현지인들 중 위암에 걸린 환자는 18명이라는 통계가 나왔다. 그 이유는 한국인 이민 1세대들이 낯선 이국땅에서 초기에 정착하기 위해 엄청난 스트레스를 받은 결과라는 것이 의학계의 결론이었다. 고민은 천식, 관절염, 궤양, 기타 질병에 있어서도 하나의 요인이 되고 있다는 것이다. 대부분의 고민은 실제로 육체적 병의 원인은 되지 않지만 신체의 약한 부분을 더 약하게 만드는 역할을 한다. 신체 기관이나 부위 중에는 특히 다른 어느 부분보다 약한 부분이 있는데 고민은 저항력이 가장 약한 곳을 침범해 들어간다. 고민거리가 생기면 위에서는 위액 분비가 증가한다. 위산이 많이 생기면 소화가 잘 안 되고, 위의 근육에 마디가 생기는데 이렇게 위가 긴장하면 음식물이 위 밖으로 나가는 것을 방해하여 위에 더 많은 자극을 주게 된다. 고민이 계속 쌓이게 되면 결국 위궤양에 걸리게 되고 위궤양을 오랫동안 방치하게 되면 위암으로 발전하는 것이다.

자! 그러면 스트레스를 극복할 수 있는 방법을 강구해 보도록 하자. 스트레스는 누구나 가지고 있는 정신적 질환이라고 설명했다. 하지만 스트레스를 어떠한 관점으로 보느냐에 따라 받아들이는 스트레스 지수는 천차만별 다를 것이다. 즉 스트레스를 어떻게 받아들이고 해석하느냐에 따라서 스트레스가 플러스로 작용할 수도 있고 마이너스로 작용할 수도 있다는 것이다.

똑같은 스트레스를 받더라도 긍정적으로 생각해서 '음, 역지사지하는 마음으로 생각해야지.', '나의 마음가짐을 다시 한 번 되돌아보게 만들어 주는 친구구나.'라고 받아들이면 뇌 속의 단백질인 POMC가 부신피질 호르몬(육체적인 스트레스를 완화시켜 주는 역할)과 베타 엔도르핀(정신적인 스트레스를 완화시켜 주는 역할)으로 분해되는 반면에 부정적으로 사고하는 경우에는 신기하게도 베타 엔도르핀이나 부신피질은 전혀 나오지 않고 아드레날린이라는 독성물이 분비되어 이 물질로 인해 인체에 더욱 치명적인 활성산소로까지 만들어진다는 것이다.

"모든 것은 자신의 마음가짐에 따라 결과가 달라진다."라는 일체유심조(一切唯心造)의 단어를 기억하고 있는가?

긍정적인 사고방식을 가지고 살아가는 사람과 부정적인 사고방식을 가지고 살아가는 사람들 중에서 어느 쪽이 건강하고 오래 사는지에 대해 하버드대 의과대학의 한 연구팀이 어느 해의 졸업생들을 선정하여 50년 동안 그들의 삶을 추적하는 연구를 했다.

유머와 다른 사람들을 위한 배려, 그리고 긍정적인 사고방식을 가지고 살아가던 사람들은 건강하고 성공적인 삶을 살아가고 있었다. 60세가 되었는데도 만성병을 앓는 사람은 별로 없었다. 반면에 비관적인 사고방식을 지닌 사람 중의 3분의 1은 그 나이에 건강이 아주 나빠져 있었다.

이 세상에서 그 어떤 투자보다도 가장 가치 있는 투자는 무엇일까?

돈, 지위, 명예, 건강 등 행복의 요소가 되는 것들의 뿌리를 관찰하고 분석해 보면 그 뿌리는 단 한 가지라는 것을 알 수 있다. 밟아도 뿌리 뻗는 잔디 풀처럼, 시들어도 다시 피는 무궁화처럼, 어떠한 곤경에 처하더라도 좌절하지 않고 꿈과 희망을 뿌리 뻗는 힘인 긍정적이고 낙천적인 인생관에 적극적으로 투자하는 것이다. 그 일은 천문학적인 돈을 쏟아 부어도 아깝지 않고, 시간이 없고 생활에 쫓기더라도 최우선적으로 투자해야 할 투자대상 1순위가 아닐까 한다.

당신이 하얀 안경을 쓰고 보면 세상이 온통 하얗게 보일 것이고, 파란 안경을 쓰고 보면 세상이 온통 새파랗게 보일 것이다. 똑같은 상황을 행복의 안경으로 쳐다보면 행복한 세상으로 비쳐질 것이고, 불행의 안경으로 세상을 쳐다보면 불행하게 보일 것이다.

"마음속에 사랑과 기쁨과 감사가 있으면 엔도르핀의 분비가 촉진되고 이는 스트레스 호르몬의 감소로 이어진다. 그 결과 면역력이 크게 강화된다."

–로마 린다대학교 의과대학 연구진, 스탠퍼드대학교 의과대학 연구진

■ 스트레스 대처법 ■

① 생활의 리듬은 활기차게 마음으로 행동하자

하고자 하는 일이 아무리 쫓겨도 일 할 때는 즐거운 마음으로 활기찬 마음으로 임하고 쉴 때는 확실하게 쉬는 정신자세가 필요하다.

스스로 그런 기분이 나지 않더라도 밝고 활기찬 마음으로 행동한다면 그날 하루의 생활 리듬 상태는 바르게 가짐과 동시에 하루의 업무를 충실히 수행할 수 있는 에너지로 충만하게 될 것이다. 활기찬 마음은 긍정적인 에너지를 생산해 내는 역할을 하기 때문이다.

한번 활기찬 마음으로 실행해 보자. 사물을 바라볼 때 활기찬 마음가짐으로 "음, 사람들을 보니 마음이 편안해지네." "오늘 주위 사람들에게 기쁨의 에너지를 많이 전파시켜 줘야지."라는 생각으로 생활에 임하자. 그러한 마음으로 생활에 임하게 된다

면 행동도 그렇게 이루어진다는 것을 실감할 수 있을 것이다.

② 마음의 여유를 갖자

가슴속에 조급한 마음을 빨리 떨쳐 버려 긍정의 덩어리를 가슴속에 깊이 품어야 한다.

가장 적은 것으로도 만족할 줄 아는 사람이 가장 큰 부자다. 그러기 위해서는 늘 열려 있는 마음속 긍정의 커튼을 활짝 열어야 한다. 늘 열려 있는 오픈 마인드로 세상을 바라볼 때 긍정의 쇠사슬은 점점 강해질 것이다.

③ 감사하는 마음가짐으로 생활에 임하자

세상만사가 늘 행복만을 가져다주는 것은 아니다. 때로는 자신이 원하지 않는 결과로 돌아오는 경우도 많다. 하지만 "건강하게 아무 탈 없이 무사히 넘어갈 수 있게 해 주셔서 감사합니다." 라고 스스로에게 감사의 주문을 잊지 않는다면 스트레스 지수와는 반대 방향으로 벗어나게 될 것이다.

서울 아산병원 김종성 교수팀의 연구를 끝으로 마무리 짓고자 한다.

서울 아산병원 김종성 교수팀이 뇌졸중으로 입원한 224명과 100명의 성격을 비교한 결과에 따르면 앞의 A형은 외부자극에 대한 민감도가 평균 7.7배 높고, 이에 따라 뇌졸중 발생 위험도가 1.5배 높은 것으로 나타났다.

그렇다면 장수하는 성격은 어떻게 가꿔지는가. 장수에는 세 가지 원칙이 있다고 한다.

첫째는 완벽한 결과를 추구하기보다 성실한 과정을 중시하는 것이다.

둘째는 여유 있는 삶이다.

셋째는 관심과 방향을 나에게서 남으로 바꾸는 것이다. 다른 사람의 말을 경청하고 이웃과 삶을 공유하는 자세가 필요하다.

긍정은 건강의 영양비타민

폭력적이고 부정적인 사고방식을 가까이하면 정신적 피로뿐
아니라 육체적으로도 체형이 바뀔 수 있다. 늘 날씬했던 체형이
비만으로까지 이어질 수 있다는 뜻이다. 비만이 되면 마음의 조
절이 잘 안 되어 자제력이 떨어질 뿐만 아니라 정신적으로도 소
심해지고 자신도 모르게 소극적인 성격으로 변하게 된다. 이러
한 현상을 극복하기 위해 끊임없이 자극적인 음식을 통해 스트
레스를 해소하려는 악순환으로 변모해 결국 육체적, 정신적으로
지치게 만든다.

음식만을 통해 건강을 유지하려는 자세를 좀 더 생각해 볼
필요가 있겠다. 물론 자극적인 음식들은 인체에 해로운 영향을
끼치게 하는 것이 사실이다. 그러나 음식은 건강을 유지하기 위
한 방법 중 한 가지에 불과하다고 말하고 싶다. 아무리 영양가

있는 음식섭취를 했더라도 정신의 뿌리가 썩어 있다면 그것은 완벽하게 건강하다고 말할 수 없을 것이다. 왜냐하면 동양사상을 인용해 보더라도 알 수 있듯이 건강이란 몸과 마음이 분류된 것이 아니라 하나로 어우러진 사상이라고 강조했기 때문이다.

그래서 긍정이라는 영양비타민을 많이 섭취해 몸과 마음의 조화를 통해 건강한 삶을 추구하기 위해 노력해야 한다.

번민, 질투, 공포 등이 있다 치자. 아무리 수백 년 된 산삼을 복용했다 하더라도 완벽한 치유는 기대할 수 없을 것이다. 약으로 치유할 수 있는 부분이 아니기 때문이다.

사람이 한 시간 동안 화를 내면 이때 발생하는 아드레날린 호르몬의 침전물은 무려 80명을 죽일 수 있는 양의 독소가 인체에 만들어진다고 한다. 이러한 독소가 자신의 몸속 구석구석 9만 6천 킬로미터의 혈관을 타고 번져간다고 생각해 봐라?

간장을 녹이고, 위에 구멍을 내고 창자들을 썩게 만들 것이다. 텅 빈 내장에서 발생하는 위산은 엄청난 바이러스들과 세균들을 통해 저승의 길로 친절하게 안내해 줄 것이다.

현재 부정적인 생각들로 가득 찬 상태에서의 우리 몸의 방어 체계에 대해 이야기 전개 방식으로 설명하고자 하겠다.

항상 욕을 입에 담고 사는 한 초등학교 여학생이 있는데 가는 곳마다 욕과 남을 비방하지 않으면 입안에 가시가 돋는 학생이 있었다.

"아, 정말 짜증나, 왕짜증."

"왜 이리 되는 일이 없어."

스트레스를 누구에게 해소시킬까 궁리하다가 갑자기 배가 아파나기 시작했다.

"아! 아! 배야 속이 쓰리네."

이 여학생은 배를 계속 어루만지다가 그만 쓰러져 결국 정신을 잃고 말았다.

이 여학생은 현실과 다른 정신의 세계로 빠져들었다.

"여왕님, 지금 우리 군대에는 적으로부터 방어할 수 있는 부대인 백혈구들과 림프기관들이 턱없이 부족합니다."

"아니, 뭐라고. 적으로부터 방어할 수 있는 부대들이 수가 부족하다고. 어떻게 이런 일이 생긴 거지?"

"예, 그것은 평소에 훈련을 소홀히 했기 때문입니다. 늘 우리 부대는 긍정적으로 활동해야지만 힘이 솟구치는 특수부대이기 때문입니다."

그 순간 적들이 우리나라를 향해 침략하기 시작했다.

"적들이 쳐들어온다."

“큰일 났습니다. 여왕님.”

“무슨 일이냐?”

“지금 바이러스와 세균이라는 독성물질을 가지고 있는 적들이 쳐들어오고 있습니다.”

“우리가 쉽게 침략당할 나라가 아니지.”

“지금부터 백혈구 부대와 림프기관 부대로 막아라.”

“예.”

그 순간 공군과 비슷한 역할을 하는 면역세포인 백혈구 부대들이 적들을 막기 위해 날아가기 시작했다.

백혈구 부대가 적들과의 거리가 가까워지자 백혈구의 한 정보원인 T-임파구 팀이 백혈구 대장에게 이렇게 말했다.

“대장님, 혹시 정말 우리 적인지 아니면 같은 편인지 저희 팀이 먼저 가서 알아보도록 하겠습니다.”

“알았다. T-임파구 팀이 먼저 가서 알아보도록 해라. 만약 적이라면 먼저 공격해라.”

“예, 대장님.”

T-임파구 팀이 적이라는 신호가 떨어지자 전쟁은 격렬하게 전개되기 시작했다.

그러나 얼마 안 되어 백혈구 팀은 평소에 훈련을 통해 얻을 수 있는 면역체계의 힘이 약했기 때문에 적들로부터 무차별하게 공격당하고 말았다.

"대장님, 큰일 났습니다. 지금 저희 부대가 전멸당하기 직전입니다."

"우리 팀은 안 되겠다. 너는 먼저 돌아가 우리가 처해 있는 상황들을 여왕님께 빨리 알려라."

"전멸 당하더라도 최대한으로 시간을 벌도록 하겠다."

"예, 대장님."

T-임파구 팀의 한 요원이 급히 자신의 나라로 돌아와 자신이 처해 있는 상황들을 여왕님께 보고했다.

"백혈구 팀이 허무하게 당하다니."

"림프기관 부대들은 들어라. T-임파구 팀이 전멸당했다는 소식이다. 너희 부대가 반드시 적들을 막아 내기 바란다."

"예, 여왕님."

림프기관 부대들은 T-임파구 팀들과는 달리 포병역할을 하는 부대로서 T-임파구 팀이 해결하지 못하는 적들을 찾아내어 공격하는 부대였다.

하지만 림프기관 부대들 역시 평상시 긍정이라는 훈련을 소홀히 했기 때문에 역부족이었다.

"백혈구 부대가 당했다. 최선을 다해 적들을 막아 내자."

"림프기관 부대의 대장이 거식세포 팀에게 명령하노라."

"명령하십시오, 대장님."

"거식세포 팀에게 자연살해세포 팀과 B-임파구 팀을 지원할 테니 꼭 적들을 막아 내도록 하라."

"알겠습니다."

자연살해세포 팀과 B-임파구 팀은 적들을 향해 무차별하게 면역기관포들을 쏘아 댔지만 백혈구 팀들과 마찬가지로 허무하게 전멸당하고 말았다.

순간 자연살해세포 병사 한 명이 여왕에게 다가와 말했다.

"여왕님, 몸을 피하십시오."

"안 돼, 우리나라가 이렇게 허무하게 적들에게 당하다니."

"흑흑흑……"

"여왕님 빨리 몸을 피하십시오. 다시 힘을 키워 지금보다 더욱 강한 나라를 만들어 주십시오."

"너희들이 없는데 어떻게 나라를 만들 수 있지?"

"걱정할 것 없습니다. 여왕님만 살아 계시면 됩니다."

"우리나라 부대는 늘 긍정적일 때 자연스럽게 만들어집니다. 또한 시간이 지날수록 부대가 강해지는 마법 같은 기능을 가지고 있죠."

"여왕님, 꼭 명심하시기 바랍니다."

"우리나라 부대는 긍정적이고 낙천적일 때 강하게 만들어진다는 사실을……"

자연살해세포 병사는 끝까지 말을 잇지 못하고 그만 죽고 말았다.

순간 적들이 여왕을 당해 날아오고 있었다.

"저기, 여왕이 있다. 반드시 죽여야 한다."

"죽어라, 죽어라"

"안 돼."

순간 여학생은 눈을 번쩍 뜨며 꿈이었다는 것을 알았다. 이 여학생은 단순한 스트레스성 위염이었다.

이 꿈은 여학생이 긍정적인 생활패턴으로 바뀌게 만든 강력한 동기부여였던 것이었다.

지금부터 날마다 웃음과 기쁨이 어우러진 영양비타민을 만들어 보는 것이 어떨까? 붉은 립스틱만 바르지 말고 마음속 내면 깊숙한 곳을 정열적으로 붉게 물들일 영양 제조공장을 만들어 보는 것은 어떨까?

마음속 건강한 영양비타민의 효능을 강화시키기 위해서는 우리가 섭취하고 있는 음식물에 대해서도 알아 둘 필요가 있다.

곡채식자의 음식물 대변 통과 시간은 약 30시간인 반면, 육식자의 음식물 대변 통과 시간은 그 두 배 이상인 72시간이 걸리는 것으로 보고됐다.

초식을 하는 동물의 장 길이는 허리의 25배인 반면, 육식을 하는 동물의 장 길이는 허리의 5배 내지 6배인 것으로 나타났다. 대대로 곡채식을 위주로 생활한 동양인은 서부 개척시대 때부터 육식 위주의 생활을 한 서양인보다 장의 길이가 30%정도 더 길다. 게다가 육식을 하게 되면 대변이 장을 통과하는 시간도 두 배 이상 길어지게 된다. 그러므로 똑같이 고기를 먹어도 대변 통과 시간이 길어 고기가 썩으면서 내뿜는 각종 유해가스가 혈관을 타고 번지게 되어 각종 질병의 원인이 되는 것이다.

돈으로 살 수 없는 것

돈으로 침대는 살 수 있으나 잠은 살 수 없다.
돈으로 책은 살 수 있으나 지혜는 살 수 없다.
돈으로 장식품은 살 수 있으나 아름다움은 살 수 없다.
돈으로 먹을 것은 살 수 있으나 식욕은 살 수 없다.
돈으로 사치품은 살 수 있으나 교양은 살 수 없다.
돈으로 집은 살 수 있으나 가정은 살 수 없다.
돈으로 오락은 살 수 있으나 행복은 살 수 없다.
돈으로 약은 살 수 있으나 건강은 살 수 없다.
돈으로 노예는 살 수 있으나 친구는 살 수 없다.

적극적으로 생각하는 습관을 들이면,
모든 여건이 불리한 상황에서도 자신에게 가장
유리한 일이 일어날 것을 기대할 수 있게 된다.
좋은 결과를 얻으려고 애쓰다 보면, 실제로 바람직한
방향으로 성취될 가능성이 높아지는 것이다.
생각이 인생을 바꾼다. 미래는 적극적으로
생각하며 도전하는 자의 몫이다.

chapter 2

적극적 사고방식

‘노(no)’를 거꾸로 쓰면 전진을 의미하는 ‘온(on)’이 된다.
모든 문제에는 반드시 문제를 푸는 열쇠가 있다.
끊임없이 생각하고 찾아내라.

-노먼 빈센트 필-

긍정의 지름길 적극적인 자세

긍정적인 마음으로 적극적인 자세를 가지면, 자신뿐 아니라 주위에 있는 모든 사람들에게까지 행복의 바이러스가 전파된다. 그 좋은 예를 스포츠에서 찾아보도록 하겠다. 국제경기 경험이 많지 않더라도 적극적인 자세를 가지고 경기에 임하게 되면 좋은 결과를 얻을 수 있고, 나아가 팀 전체가 분발하게 되어 결국 관전하는 사람들에게까지 즐거움을 선사시키게 만들어 주었던 제2회 WBC월드베이스볼클래식 야구 결승전, 모두가 기억할 것이다. 한국대표팀과 일본대표팀은 국제대회 야구역사에 길이 남을 명승부를 펼쳤다. 예선 및 본선 전적에서 상대전적 2승2패로 한 치의 양보도 없는 그야말로 국가를 위해 뛴 경기였다.

9회 말 이범호의 천금 같은 좌전안타로 3대3으로 동점을 만들었을 때 이길 수 있다는 신념을 느꼈을 것이다. 마치 태산같이 높은 산도 두더지가 쌓아올려 낮아 보이는 것처럼 말이다.

결국 대한민국팀은 연장전 끝에 3대5로 패하긴 했지만 이 시합을 전 세계에 생중계한 AP통신 및 외신들은 '최고의 명승부'였다고 칭찬을 아끼지 않을 정도로 화제를 불러일으켰다. 대한민국팀은 비록 분투를 삼켰지만, 지구촌에 대한민국의 위상을 드높이고, 한국인의 집념과 열정을 각인시켰다. 그리고 금빛 은메달을 차지하면서 우리 국민들에게 '위대한 도전'을 만끽하게 해 주었다.

이는 선수들 모두가 반드시 이기겠다는 생각으로, 적극적 자세로 시합에 임한 결과였기 때문이다.

성공적인 삶을 살아갈 수 있게 만드는 비결은 무엇일까?

두뇌 생리학자들에 의하면 위대한 리더들과 성공자들의 공통점은 두뇌와 일을 처리하는 습관을 정복했다는 사실이다.

성공한 전문가들의 연구논문에 의하면 성공한 사람과 실패한 사람의 두뇌에 축적된 습관적인 두뇌신경회로의 차이점은 단 한 가지뿐이라고 말했다. 성공한 사람들은 늘 긍정적이고 적극적이며 낙천적인 신경회로(PMA)를 가진 반면, 실패한 사람들은 늘 부정적이고 소극적이며 비관적인 신경회로(NMA)가 습관적으로 굳어져 있다는 것이다.

그러므로 적극적인 사고방식을 통해 긍정적인 삶으로 행복을 추구하기 위해서는 첫 번째로 긍정적이고 적극적인 습관을 가져 두뇌 신경회로가 긍정적이고 적극적으로 튼튼하게 짜일 수 있도록 하는 것이 중요하다.

긍정적인 사람들은 자기 자신을 가리켜 좀 더 깨어 있고, 열정적이고, 활동적이며, 참여적이라고 말한다. 이 사람들은 우울할 때가 별로 없다. 바로 긍정적으로 변환할 수 있는 두뇌시스템이 빠르게 발동하기 때문이다. 긍정적이고 적극적인 사람은 자기 자신을 철저히 신뢰하고 미래에 대해서 꿈과 희망을 가지고 남들이 하지 말라고 강요해도 자신감 있게 자신의 인생을 개척해 나가는 데 모든 정열과 혼을 불태운다. 그리고 마침내 성공이라는 거대한 산을 정복하는 것이다.

물론 살다 보면 긍정적인 낙천주의자들도 심하게 좌절을 맛볼 수 있다. 일하면서 좌절감과 절망감을 맛볼 수 있고 비난의 화살을 받을 수도 있다. 그러나 그들은 벽에 대고 머리를 처박고 수면제를 삼키는 대신에 몇 번이고 다시 일어나려고 사고의 전환을 하려 노력할 것이다.

셀리그만 교수는 전기 충격을 피하는 방법을 철저하게 습득한 쥐들을 택한 다음 충격을 피할 수 없는 극한 상황에 이 쥐들을 풀어 놓았다. 그러나 이들은 충격을 피하기 위해 온갖 노력을 다 기울였고 스스로 돕는 방법을 배운 이 쥐들은 쉽사리 포기하지 않았다. 그들은 낙천적인 쥐들이었던 것이다.

하지만 초기 훈련에서 전기 자극을 피할 수 없었던 쥐들은 절망감에 빠져 비관적인 태도를 습득했다. 그 쥐들은 충격 혹은 잦은 충격에 체념하고 움직이려 하지 않았다.

위기와 절망이 눈앞에 다가와도 낙천적이고 긍정적인 자세로 임하게 되면 좋은 결과를 얻을 수 있다는 것을 셀리그만 교수의 실험결과에서도 말해 주고 있다.

적극적인 잠재의식

사람의 잠재의식은 고정된 의식이 아니라 늘 변화무쌍하게 움직이는 의식이다. 늘 부정적이고 비관적으로 생각하면 잠재의식 속에 부정이라는 시스템이 자동적으로 지배하게 된다. 만약 긍정적이고 낙천적이며 적극적으로 언제나 즐거운 일을 떠올리면 즐거운 하루, 행복한 시간이 현실로 그대로 되는 것이다. 결국 천국도 지옥도 모두 자신의 마음가짐에서 만들어지는 것이라 말할 수 있겠다.

사업을 하다가 실패한 사람이 있었다. 그는 자살하려고 차를 몰고 가다가 마지막으로 친구 집에 들렀다. 친구는 왜 죽으려 하느냐고 묻자, 그는 아무것도 가진 것이 없다고, 더 이상 희망을 갖고 살아갈 용기를 잃었음을 말했다.

친구는 그의 앞에 종이와 펜을 놓고 이렇게 말했다.

"여기 자네가 가지고 있는 것을 적어 보게."

그는 곰곰이 생각하더니, 하나하나 적어 나가기 시작했다.

"건강하고, 가족이 있고, 기술이 있고, 말재주가 있고……"그는 열 가지 이상을 적었다.

친구는 그가 쓴 종이를 보며 이렇게 말했다.

"자네에게는 아직도 이렇게 가진 게 많지 않나. 다시 시작해 보게."

부정적이고 소극적이며 희망을 잃고 죽으려던 그는 친구의 도움으로 부정의 잠재의식에서 빠져나올 수 있었다. 그리고 죽는 대신 다시 일어나 성공적인 삶을 살았다.

과거의 일이지만 북한이 남한 사람을 납치하여 다시금 간첩으로 재침투시키는 방법은 어떻게 성공했을까? 끊임없는 세뇌교육이 그 열쇠였다. 말세론을 주창하는 사이비 종교의 교주는 어떤 방법을 써서 집단 자살극을 벌이는 극단적인 광신도들을 만드는데 성공하였는가? 끊임없는 세뇌교육과 영상교육 때문이었다.

왜 남들보다 더 많이 배우고 학식 있는 인텔리 계층이 사이비 종교에 더 빠져들고 탐닉하는가? 논리와 사상을 체계화시켜 놓은 서적을 파고 들어가 합리적이고 설득력 있다고 판단되면 긍정적이고 적극적인 행동을 표출하는 습관에 길들여져 있기 때문이다.

전쟁에서 가장 무서운 전쟁이 무엇인지 아는가? 사상 전쟁이다. 그러나 사상은 하루아침에 바뀌지 않는다. 무수히 반복적으로 수십 번씩 학습해야 바뀌는 것이 사상이다.

사상을 올바른 방향으로 활용한다면 사회나 개인 모두 긍정적이고 합리적인 결과들을 많이 도출시킬 것이다.

필자가 수련생들에게 잠재의식을 바탕으로 활용하고 있는 교육의 예를 하나 들어 보도록 하겠다. 참고로 필자의 잠재의식 교육은 어린 수련생들에게 긍정과 인성교육을 심어 주기 위한 교육법으로 활용했기에 이 글을 읽고 있는 독자들은 오해가 없기를 바란다.

잠재의식, 즉 자기암시를 효과적으로 얻기 위해서는 끊임없는 반복교육 학습이 핵심이다.

필자의 수련생들은 태권도장에 처음 입관하게 되면 가장 먼저 배우게 되는 것이 인사다. 태권도인으로서, 운동하는 사람으로서 예의는 가장 중요한 덕목이 아닐까 싶어서다.

처음에 도복을 입은 아이들에게 매일 인사 연습을 시킨다.

"태권! 자신 있습니다. 사부님 안녕하십니까?"
"태권! 자신 있습니다. 안녕하십니까?"
"태권!, 자신 있습니다. 저는 효자(효녀)입니다."

이런 긍정적이고 '난 할 수 있다.'라는 자신감이 충만한 문구들을 매일 반복훈련시켰다. 긍정적인 신념을 잠재의식 속에 깊숙이 심어 주기 위한 심리훈련이었던 것이다.

그 결과 수련생들은 도장에서 혹은 학교나 거리에서 자신도 모르게 잠재의식을 바탕으로 한 행동으로 인사를 우렁차게 하는 행동습관으로 변하게 되었다.

어린이들은 마음이 백지처럼 깨끗하고 순수하기 때문에 암시에 쉽게 반응하는 면이 많다. 다시 말해 어떤 씨를 뿌리더라도 즉각 뿌리를 내리고 줄기와 가지가 자라 열매를 금방 맺는다는 것이다. 부정적인 씨앗을 뿌리면 자신이 정말 모자라는 저급한 사람이라는 부정적인 잠재의식이 깊게 빠져든다는 것이다.

어떤 일이든지 행동으로 이끌어 성공하려면 잠재의식과 무의식을 변화시켜야 한다. 잠재의식과 무의식은 마음의 뿌리요, 기둥이요, 건물의 대들보이자 주춧돌이다. 뿌리를 바꾸지 않고 나무와 잎이 무성해지고 가을에 열매를 맺는 법은 없기 때문이다.

사고(思考)는 인생을 변화시키는 물꼬이자 운명을 송두리째 뒤바꾸는 불씨이자 촉매제이며, 마음은 생각의 공장이다. 마음 공장에는 두 사람의 공장장이 각각 상반된 제품을 찍어 낸다고 하자. 한 공장장은 긍정과 행복과 희망이 가득 찬 제품을 생산해 낸다. 다른 공장장은 부정과 비난이 가득 찬 어둠의 제품을 생산해 낸다. 두 제품은 당신이 어떻게 생각하든지 간에 공짜로 나눠 준다. 당신은 어떤 제품을 선택하겠는가?

성공하려면 적극적이고, 긍정적으로 잠재의식을 변화시켜야 한다. 잠재의식은 곧 마음의 뿌리이기 때문이다.

잠재의식의 속성

첫째, 반복을 좋아한다.
둘째, 그림을 좋아한다.
셋째, 믿음을 좋아한다.
넷째, 확신을 좋아한다.
다섯째, 뿌리만큼 반드시 보상해 준다.

"생각이 바뀌면 행동이 바뀌고 행동이 바뀌면 습관이 바뀌며 습관이 바뀌면 운명이 바뀐다."라고 유명한 사회심리학자의 한 사람인 클레이멘스톤이 말했다. 자기암시가 중요한 이유는 말과 행동의 다음과 같은 특징과 속성이 따르기 때문이다.

첫째, 말과 생각의 특징은 전염성과 파괴력의 속성을 가지고 있다.

말과 생각은 전파를 일으키고 파장을 갖고 파동을 일으킨다. 마음의 세계, 정신의 세계를 깊이 파고드는 심층심리학의 공인

된 사실이다. 우리가 일으킨 마음의 잔잔한 물결은 파도를 일으키고 폭풍을 일으키는 가공할 만한 위력과 잠재적인 파워와 에너지를 소유하고 있다.

둘째, 말과 생각의 특징은 메아리와 부메랑 효과가 있다.

말과 생각은 한번 입 밖으로 내뱉으면 화살처럼 과녁을 향해 날아가고, 총알처럼 타깃을 향해 날아간다. 그러나 그 화살과 총알은 과녁과 타깃을 맞추고 되돌아와 자신의 가슴과 심장을 향해 꽂힌다. 다시 말해 긍정의 화살과 총알을 쏘면 자신의 가슴과 심장은 활력이 넘치지만 부정과 원망과 질투와 시기라는 화살과 탄알을 발사하면 자신의 가슴과 심장에는 치유할 수 없는 구멍이 벌집처럼 뚫리는 것이다.

셋째, 말과 생각의 특징은 핵폭탄보다 강한 희망과 신념을 만들어 낸다.

적극적인 사고방식과 적극적인 말(자기암시)은 신념을 잉태하고 신념은 불가능을 가능으로 만들게 하는 무한대의 에너지와 잠재적인 파워를 갖게 한다.

즉 인간의 건강은 마음먹기에 달려 있다.

보스턴 대학 의학부의 정신의학 부장인 샌포드 코휀 박사는 '희망과 신념'이야말로 모든 병을 치유하는 결정적 요인이라고 단언했다. 환자의 경우 자기의 병을 정복하고 어떤 일이 있어도 회복할 수 있다는 신념을 가진 환자는 머지않아 건강을 회복하여 퇴원하지만 질병을 두려워하고 회복될 가능성에 항상 회의를 품고 있는 환자들은 거의 회복되지 못하였다.

목표달성에 관한 심리학적 접근 방법에서 이러한 질문은 대단히 중요하다. 목표를 달성하지 못하는 99% 사람들의 가장 큰 장애물은 어릴 때부터 지금까지 계속해 진행되고 있는 부정적 잠재의식이라는 것이다.

긍정의 잠재의식 지수를 높여 머릿속 깊은 곳에 심어 두어야 한다는 사실은 여러 사례들을 통해서도 알 수 있듯이 우리에게 시사하는 바가 크다.

생각을 바꾸면 긍정이 보인다

누구나 난처한 일에 직면할 때 절망적이거나, 약한 생각에 빠져드는 경우가 있다.

시련과 실패는 독약이 될 수도 있지만 어떻게 받아들이고 해석하느냐에 따라 결과는 보약이 될 수도, 독약이 될 수 있다.

긍정적이고 적극적인 행동으로 살아가는 사람들은 어려운 난제에 봉착하였더라도 그것들을 창의적인 방법으로 새로운 시도를 통해 해결하려는 잠재의식 시스템이 강하게 몸 안에 엮여져 있다.

부정적으로 세상을 바라보는 사람들은 흐르지 않는 고여 있는 물과 같아서 작은 문제가 영원히 지속될 것이라 믿고 하나의 문제를 가지고 확대 해석시키며 자신의 결점을 인정해 버리는 습성을 가지고 있다.

"말뚝을 박으려면 단단한 바위를 깨뜨리지 않으면 안 되었다. 그때마다 바위가 단단하면 나는 바위 이상으로 단단해지고, 일이 힘들어지면 나는 그 일보다 더 강해지자고 생각했다."

토건업으로 성공한 한 사업가가 말한 성공 비결이다.

자신이 하고자 하는 분야에서 성공하려면 또는 실패를 통해 좌절하고 있다면 자기 자신을 되돌아보는 시간을 가져 생각의 전환을 가질 필요가 있다. 즉 '난! 할 수 있다.'거나 '실패와 좌절은 나를 더욱 강하게 만들어 주는 소중한 친구다.'라는 긍정적인 생각으로 바꿔 보는 것이다.

할 수 없다는 마인드를 할 수 있다는 마인드로 바꿔 보자. 약한 생각을 단단하게 짜인 강한 밧줄처럼 강하고 희망찬 생각으로 바꿔 보자. 절망적인 생각을 희망적인 생각으로 바꿔 보자. 자신을 가로막는 장애물을 치우고 그 자리에 희망의 씨앗을 심어 보자는 것이다.

탄자니아는 다양한 열대 동물들이 살아가기에 이상적인 환경을 가지고 있다. 그런 좋은 자연조건에도 불구하고 동물원은 늘 경영난에 허덕였다. 그런데 동물원의 한 직원이 우연히 신문에 난 기사를 보고 이 문제를 해결할 방안을 얻었다.

그 무렵, 탄자니아의 한 시골 마을 주민들은 이리의 잦은 습격으로 골머리를 앓았다. 보통은 집에 문이 없었는데, 외출하면 아이들의 안전이 늘 문제였다. 그녀는 대장간에서 철장을 만들어다가 아이를 그 안에 두고 외출했다. 어느 날, 집에 돌아온 그녀는 굶주린 이리 한 마리가 철장 주위를 맴돌고 있는 것을 보고 막대기를 휘둘러 쫓아 버렸다는 것이다.

이 기사를 본 동물원 직원은 생각을 바꿔 보기로 했다.

"관광객에게 동물들의 역할을 바꿔 보면 어떨까? 차 안에 안전하게 앉은 채 자연 상태의 동물을 구경한다면 재미있지 않을까?"

그 직원의 아이디어는 받아들여져 곧 실행에 옮겨졌다. 그리하여 관광객들은 차창을 통해 야생동물들의 자연스러운 모습을 볼 수 있게 되었고, 탄자니아 동물원은 엄청난 수익을 올리게 되었다.

사람들은 실패에 대해 너무 부정적으로 해석하려는 경향이 강하다. 실패는 마치 인생의 낙오자라고 체념하듯 아무런 저항 없이 받아들이려 한다.

잔잔한 파도 속에 능숙한 사공을 만들 수 있을까?

"위기가 끝나면 반드시 찬스가 온다."라는 말이 있다.

'실패는 위대한 성공으로 가기 위한 동반자'라는 인식을 가지고 긍정적이고 적극적인 마음가짐으로 환경에 맞서 싸워 보자는 것이다.

성공한 세계적인 기업인들은 사고(思考)의 전환을 이렇게 말한다.

"실수를 두려워하지 말자. 그러나 똑같은 실수를 다시 하지 않도록 노력하자. 실수 속에서 배우자."
-모리타 아키오(소니 회장)

"시패는 이성적으로 다시 시작할 수 있는 기회다."
-핸리 포드(포드자동차 창립자)

가장 절망적일 때 기회는 온다고 했다. 하고자 하는 일에 늘 "위기 속에 기회가 있다."라는 명제를 생각하길 바란다.

실패는 당신이 실패자임을 의미하지 않는다.
실패는 다만 당신이 아직 성공하지 못했음을 의미할 뿐이다.

실패는 당신이 아무 것도 성취하지 못했다는 것을 의미하지 않는다.
실패는 다만 당신이 무엇인가를 새로 배웠음을 의미할 뿐이다.

실패는 당신의 위신이 손상된 것을 의미하지 않는다.

실패는 다만 당신이 무엇인가를 용감히 시도했음을 의미할
뿐이다.

실패는 당신이 틀렸다는 것을 의미하지 않는다.
실패는 다만 당신이 다른 방법으로 해야 할 것을 의미할 뿐
이다.

실패는 당신이 열등하다는 것을 의미하지 않는다.
실패는 다만 당신이 완전한 존재가 아님을 의미할 뿐이다.

실패는 당신의 인생을 낭비했다는 것을 의미하지 않는다.
실패는 다만 당신이 다시 출발해야 할 좋은 이유를 갖고 있
음을 의미할 뿐이다.

실패는 당신이 포기해야 된다는 것을 의미하지 않는다.
실패는 다만 더 열심히 해야 한다는 것을 의미할 뿐이다.

실패는 당신이 결코 해낼 수 없음을 의미하지 않는다.
실패는 다만 시간이 더 오래 걸릴 뿐임을 의미할 뿐이다.

실패는 하나님께서 당신을 버리셨다는 것을 의미하지 않는다.
실패는 다만 하나님께서 더 좋은 계획을 갖고 있음을 의미
할 뿐이다.

–로버트 슐러

“나는 아무 것도 해 보지 않고 성공했다.”고 자랑하는 사람보다는 차라리 위대한 일을 시도했다가 실패했지만 다시 일어서야 말겠다는 긍정적이고 의욕적인 자세로 임하고 있는 사람이 더욱 아름답게 보이지 않을까?

이것은 어떤 그림일까?

출처: 패턴리딩 (백기락)

대부분 한 할아버지의 슬픈 얼굴 모습이라고 답변을 할 것이다.
그렇다면 이 그림을 360도 돌려 보기로 하겠다.

출처: 패턴리딩 (백기락)

보는 사람의 위치는 그대로인데 할아버지의 얼굴은 정반대로 웃는 이미지로 즐겁게 비쳐 보일 것이다.

긍정적 사고방식을 가로막는 가장 큰 장애가 되는 것은 고정관념에 사로잡혀 있다는 것이다. 일상생활 속에 크고 작은 일들, 대부분은 고정관념의 틀을 벗어나지 못하고 있다는 것이다. 만약 긍정적이고 낙천적인 사고방식이라는 고정관념이 뇌 속 깊숙한 곳에 끊임없이 정착되고 있다면 얼마나 행복하겠는가? 하지만 고정관념이라는 것은 긍정적일 때보다는 부정적일 때 강한 악성 바이러스를 발산시키려는 속성을 가지고 있다.

고정관념은 시간과 노력의 효율성을 떨어뜨리고, 사물을 폭 넓게 바라볼 수 있는 시야의 반경을 작게 만들게 하고, 자유로운 사고를 경직시켜 한정된 방식으로만 생각하고 움직이도록 만든다.

지금부터 부정적 악성 바이러스인 고정관념을 긍정적 행복, 행복이 깃든 바이러스라는 고정관념으로 바꿔 보자. 부정적 고정관념으로 사로잡혀 있는 악성 바이러스의 습관의 쇠사슬을 끊어 보자는 것이다.

습관은 제2천성이라고 했다. 습관은 훈련을 통해 얼마든지 바꿀 수 있다는 뜻으로 매일 긍정적이고 적극적인 습관을 재정비한다면 좋은 결과를 얻을 수 있을 뿐 아니라 세상을 바라보는 시야도 밝아질 것이다.

우리를 지배하고 있는 습관이라는 정체를 과학적으로 접근해 보자.

"습관이 만들어질 때는 눈에 안 보이는 실과 같지만 그 행동
을 반복할 때마다 그 끈이 차츰 강화되고, 거기에 또 한 가닥
이 더해지면 마침내 굵은 밧줄이 되어, 우리의 사고와 행동을
돌이킬 수 없게 만든다."

샌프란시스코에 있는 캘리포니아 대학의 마이클 머츠니크라
는 교수는 우리가 습관적인 행동에 빠져들수록 그 패턴은 더욱
강화된다는 것을 과학적으로 입증했다. 머츠니크는 원숭이의 손
가락에 어떤 것을 접촉시키면 원숭이 뇌의 특정 부위가 활성화
된다는 것을 알아냈다.

그는 원숭이가 먹이를 먹는 데 특정 손가락만 사용하도록 훈
련시켰다. 나중에 원숭이의 활성화된 뇌 부분을 다시 촬영해 보
니 거의 600퍼센트나 커져 있는 것을 확인했다. 원숭이는 그 후
에도 그 신경회로가 아주 강하게 자리 잡혀 있었기 때문에 그
손가락을 사용할 때 먹이를 더 이상 주지 않아도 그 행동을 습
관적으로 반복했다. 그러나 원숭이가 사용하던 손가락을 강제
로 사용하지 못하게 하자 활성화되었던 뇌의 부위가 점차 줄어
들기 시작했고 연결회로도 약화되었다.

불교의 '일체유심조'론과 서양의 '인지 심리학'요법은 일맥상통
하는 부분이 많다. '뇌의 구조까지 뒤바꾸어 놓는다.'는 인지 심

리학 요법에 대해 설명해 보도록 하겠다.

인지요법은 인간의 감정은 자신의 관점과 세상의 의견에 의해 통제된다는 이론에 기반을 두고 있다. 우리는 자신을 끊임없이 꾸짖고, 실패할 게 뻔하다고 여기고, 사람들이 자신을 어떻게 생각하는지 잘못 평가하고, 절망감을 느끼고, 세상과 미래에 대해 부정적인 태도를 취할 때 우울증에 걸린다.

부정적인 기분이 들면 들수록 스스로에게 심적 부담을 주기가 쉽다. 긍정적인 사고방식은 여러 방법을 통해 배울 수 있는데, 그중 한 가지가 바로 '인지요법'이다.

인지요법은 이렇게 바가지를 긁는 잔소리들 속에서 부정적인 생각이 무엇인지 알아내어, 그것을 좀 더 과학적이고 합리적으로 분해하고 바라보는 각도를 달리하여 재해석하는 방법이다. 인지요법에서는 환자의 부정적인 사고방식이나 신조를 줄이기 위해서 대화요법과 행복요법 등 다양한 방법을 사용한다.

대화요법은 적어도 투약만큼의 효과가 있다는 것이 양전자 방사 단층촬영(PET)을 통해 입증되었다.

그 이유는 첫째, 대화요법을 반복하면 한 세트의 뉴런과 다른 세트의 뉴런이 새롭고 중요하게 연결되기 때문이다. 그것은 아주 미약하기는 하지만 뇌가 근본적으로 바뀌고 있다는 것을 말해 준다. 대뇌피질이 바뀌면 약을 복용했을 때보다 오래간다. 왜냐하면 약은 뇌에 화학적인 변화를 줄 뿐이지만 말을 하면 뇌의 구조가 바뀌기 때문이다. 우울증을 치료할 때 투약과 심리치료를 함께 하면 가장 효과가 있는데 그건 바로 이 양자가 결합되어 발생시키는 시너지 효과 때문이다.

둘째, 인지요법은 약을 복용하지 않아도 우울증이나 불안과 싸우는 신경전달물질 호르몬의 수치를 증가시킨다. 즉 뇌의 순환이 좋아지는 생물학적 변화가 나타난다는 것이다.

필자의 오전 한자수업을 예로 들어 보도록 하겠다.

"오늘은 한자보강 수업하는 날이지. 오전 8시까지 모이기로 했는데 아직 오지 않았네."

전화해 봐야겠다.

따르르릉.

"어, 전화를 받지 않네. 내일은 한자시험 있는 날이라, 오늘 보강 수업은 상당히 중요한데."

순간,

"이놈이 공부하기 싫어서 일부로 전화 안 받는 거 아냐."

시간은 계속해서 지나고 있었지만 수련생은 끝내 수업에 참여하지 않았다.

순간 "그래, 지금은 아침이야. 어젯밤에 너무 한자공부를 열심히 한 나머지, 피곤해서 일어나지 못했을 거야. 기다려 보자."

"분명 수련생한테서 전화 와서 이렇게 말할 거야."

"사부님, 한자공부가 너무 재미있어서 늦게까지 공부했어요. 죄송해요. 꼭 좋은 성적으로 보답할게요."

이것이 바로 인지요법이 효과를 발휘하고 있는 예이다.

결국 부정적이고 소극적인 자세에서 긍정적이고 적극적인 자세로 변화시키게 만드는 스위치 역할을 하는 것이 서양의 인지행동요법이다. "모든 것은 자신의 마음가짐에 따라 달라진다."는 '일체유심조'론과 같다는 뜻이다.

똑같은 사물을 어떻게 바라보느냐에 따라 사고방식은 천국의 계단과 지옥의 용광로로 나누어질 수 있다는 것이다.

쓸데없는 걱정에서 벗어나자

늘 학원차량 탑승 시간 때문에 필요 이상으로 걱정하는 수련생이 있었다. 그 수련생은 만약 제시간에 탑승하지 못하면 학원에 갈 수 없을 뿐더러 다음 날 선생님께 회초리로 혼날 것을 염려하듯 필요 이상으로 확대 해석한 나머지, 늘 초조와 긴장된 모습으로 생활하고 있었다.

어느 날, 필자는 이렇게 말했다.

"네가 다니는 학원은 걸어가기엔 너무 멀다. 만약 네가 엘리베이터 고장이나 뜻하지 않는 돌발상황이 발생하였을 때 탑승 시간에 정확히 도착할 수 없을지도 몰라. 하지만 너는 지금까지 탑승 시간에 지각한 적이 한 번도 없었어. 그런데 왜 걱정하고 있지?"

"엘리베이터가 고장 났다면 계단으로 빠르게 내려가면 되지 않니?”

“너는 지금 태권도를 하고 있는 중이어서 대퇴근이 상당히 튼튼히 발달되어 있어.”

“워낙 다리가 튼튼하게 훈련되어 있어서 빠른 걸음으로 계단을 내려와도 절대 넘어지지 않을 거야.”

“만약 탑승 장소를 향해 가고 있는데 아시는 분을 만났다 치자.”

“그럴 경우 공손한 자세로 인사를 한 후 가면 되지 않겠니?”

“가다가 몸이 불편한 분께서 도움을 청하였다고 치자.”

“시간이 촉박한 상황이었다면 지금 너가 처해 있는 상황을 말씀드린 후 가면 돼. 하지만 시간이 여유가 있다면 몸이 불편하신 분을 도와드렸을 때 행복하지 않겠니?”

“도와드린 후 빠른 걸음으로 탑승 장소로 간다면 너는 착한 일을 한 것에 대한 뿌듯함과 빠른 걸음을 통한 운동효과를 얻을 수 있게 되는 일석이조(一石二鳥)를 갖게 되지.”

수련생은 필자의 말을 듣고 그제야 마음이 놓이게 되었다.

실패할 방향으로, 안 될 방향으로 걱정하지 말자. 안절부절하거나 불안해하면 자신이 원하는 방향과 점점 다른 방향으로 멀어지게 될 것이다.

심리학자들에 의하면 걱정의 40%는 절대 현실로 일어나지 않고 걱정의 30%는 이미 일어난 일에 대한 것이라고 한다. 걱정의 22%는 사소한 고민이고 걱정의 4%는 우리 힘으로는 어쩔 도리가 없는 것에 대한 것이라고 한다. 또한 걱정의 4%는 우리가 바꿔 놓을 수 있는 일에 대한 것이라고 한다.

그렇다면 걱정의 몇 %가 쓸데없는 것이라는 뜻인가? 96%나 된다. 결국 두려움과 걱정이라는 부정적 사고는 현실이 아닌 그림자일 뿐이라는 것이다.

그러므로 무조건 행동으로 부딪치고 뛰기 시작하면 두려움의 50%는 사라진다. 그러면서 간절히 바라는 마음으로 긍정적이고 낙천적으로 생각하는 것이 중요하다. 그러면 두뇌에서 16만km의 RAS(두뇌 신경망 활성화 시스템)가 저절로 작동하기 시작하여 자신이 하고자 하는 방향으로 힘차게 도와주는 길잡이가 되어 줄 것이다.

마음이 복잡하고 수심이 가득 차 있다면 속히 '잡념'을 없애 고요한 마음으로 집중해 보자. 귀로 듣지 말고 마음으로 들어라. 나아가 마음으로 듣지 말고 기(氣)로 듣도록 하자.

부정적인 생각과 걱정에서 오는 스트레스를 극복할 수 방법 중의 하나가 '사고정지기법'이다.

'사고정지기법'이란 머릿속에 있는 부정적인 잡념들이나 생각을 잊어버리는 기술이다.

근심과 스트레스를 극복하기 위한 마음수련법이다.

지금부터 필자가 매일 마음수련하는 수행법을 간단히 적어 보도록 하겠다. 이 글을 읽고 있는 독자들은 이 수행법을 참고로 해, 더 나은 수행법을 찾아보기 바란다.

개인적으로 자영업에 종사하다 보니까 보이지 않는 스트레스를 많이 받고 있다. 물론 사회생활에 종사하고 있는 분이나 취업을 위해 열심히 도서관에서 책과 씨름하고 있는 분들…… 누구나 자신이 처해 있는 일에 대해 나름대로 스트레스를 받고 있을 것이다.

필자는 스트레스 지수를 받을 때 육체적으로 극복하기보다는 '마음수련기법'으로 해소시킨다.

머리가 아프거나, 소화불량일 때 또는 일에 대한 근심 걱정이 쌓였을 때 긍정의 잠재의식을 발동시켜 편안한 상태로 만들기 위해 노력한다.

잠재의식은 몸과 마음이 무한히 편안해질 때 현재의식은 수면상태에 가깝게 만들어지고, 잠재의식이 서서히 발동되기 시작한다.

필자는 '마음수련기법'에 '상상력의 힘'을 최대한 이용한다.

먼저 상상력의 힘을 이용한 마음수련 기법은 다음과 같다.

편안한 자세로 앉아서 눈을 감는다.

머릿속에 있는 부정의 생각이나 나를 짓누르고 있는 생각들을 '사고정지기법'을 이용해 생각을 멈추게 한다.

복식호흡을 5분간 실시한다. 이때 조용한 경음악을 이용하거나 아니면 어두운 분위기의 장소에서 실시한다.

첫째, 아랫배를 이용해서 숨을 최대한 깊게 코로 들이마신다.

이때 나를 즐겁게 해주는 영양비타민과 긍정의 에너지가 어우러진 빛이 코를 통해 들어와 곳곳으로 퍼져 들어간다고 상상한다.

둘째, 잠시 숨을 참는다. 오래도록 참는다.

숨이 멈춰 있는 동안 코를 통해 들어온 즐거운 영양비타민과 긍정의 에너지가 어우러진 빛이 몸 구석구석 퍼져 나가고 있다고 상상한다. 만약 머리가 아프다면 빛이 두개골 속에 있는 전뇌와 후뇌 및 소뇌 등 뇌 전체를 구석구석에 청소하고 있다고 상상한다. 부정적인 사고방식이 빛을 통해 깨끗하게 쓰레기통 안으로 들어간다고 상상해 나간다.

셋째, 숨을 최대한 길게 귀(耳)나 코(鼻) 등을 통해 천천히 내쉰다.

이때 머릿속에 있는 부정적인 감정들, 모든 고민거리와 걱정들과 나쁜 병균들이 숨과 함께 밖으로 배출된다고 상상한다.

넷째, 가장 편안한 표정으로 이렇게 다짐한다.

"마음이 편안하다. 정말 편안하다. 나를 짓누르고 있던 부정의 생각들이 깔끔하게 없어졌다."

이러한 상상의 힘을 이용한 사고정지기법을 실행했는데도 편안하지 않으면 복식호흡을 하면서 더욱 강력한 긍정의 에너지의 빛을 만들어 낸다. 더욱 강력하게 만들어진 빛을 온 몸 구석구석에 보내어 들숨과 날숨을 반복해 나가 몸과 마음이 편안해질 때까지 반복 수련해 나가고 있다.

올리버 웬델 홈스는 "어디에 있느냐는 중요하지 않다. 어디로 가고 있느냐가 중요하다. 자신의 위치를 바로 알고, 마음을 잘 다스려 목표한 바를 이루기 위해서는 많은 노력이 필요하다."고 말했다.

신체와 정신을 이완시키고 조화시키기 위해서는 우선 기는 완전히 긴장을 푼 상태에서만 가장 강하게 길러진다는 것을 잊지 말아야 한다. 호흡을 할 때도 너무 의도적으로 들숨과 날숨을 행하게 되면 피로해지기 쉽고 긴장을 초래하여 기를 확장시키는 데 크게 도움을 주지 못한다.

정신은 신체의 피난처가 된다고 할 수 있다. 정신을 한곳에 모아 놓기 위해서는 어딘가에 집중해야만 한다. 그곳이 바로 단전이다. 모든 물체는 낮은 곳으로 떨어진다. 중력의 중심은 항상 낮은 곳에 있다.

우리가 힘을 빼고 있으면 힘은 자연스레 몸의 아래쪽에 모이게 된다. 머리나 어깨에 힘이 집중되는 것은 자연의 법칙에 상반되는 것이다. 만약 우리가 정신을 하단전에 집중하면 어깨의 힘은 저절로 내려가고 몸의 힘은 마땅히 있어야 할 곳에 자리를 잡게 될 것이다.

하단전은 정신과 신체의 교차점이라 할 수 있다. 몸과 마음의 조화는 고요한 정신이 단전에 집중되었을 때만이 가능하다. 머리에 생각을 집중하거나 어깨에 뻣뻣한 힘을 주는 것은 몸과 마음의 조화를 저해하는 요소가 된다. 단전에 정신을 집중하고 어깨의 힘을 빼고 편안함을 느끼면 우리의 몸은 조화 속으로 빠져들게 될 것이다.

집중의 원리

1) 신체집중의 원리

첫째, 긴장을 풀고 몸을 이완시켜라. 어깨와 손목의 힘을 빼라. 숨을 10번 내뱉어라.

둘째, 체중을 아래로 내려라. 중심을 잃으면 목숨을 잃는다. 중심을 잃으면 신체가 파도를 치며 허점이 생기게 된다.

셋째, 원(球)의 중심을 몸에 둔다.

2) 정신집중의 원리

기(氣)를 확장해야 한다. 정신이 흘러가는 곳으로 기가 흘러간다. 기를 확장시키는 것은 곧 긍정적인 정신을 갖는 것이다. 기를 확장할 때는 눈과 얼굴이 부드럽고 몸은 이완되어야 한다.

만약 우리가 자신이 하고 싶은 일을 하고 가고 싶은 곳을 갈 때는 그 정신이 함께 가고 있기 때문에 쉽게 지치지 않는다. 하지만 반대로 하고 싶지 않은 일을 한다든가 가고 싶지 않은 곳을 갈 때는 매우 쉽게 지치는 것을 알 수 있다.

이것은 마음과 몸의 일치(통일)냐 마음과 몸의 분리냐 사이에서 생기는 큰 차이이다. 정신과 육체를 통일시켜 한 점에 모으면 지금까지 자신이 몰랐던 엄청난 내부의 에너지에 놀라움을 금치 못할 것이다.

생각은 늘 유동적으로 조정할 수 있다. 마음속으로 내재되어 있는 두려움과 근심, 걱정은 얼마든지 의지로 뒤바꿀 수 있다는 것이다. 행복을 원한다면, 행복을 바란다면, 무엇보다 먼저 긍정적으로 생각하려는 방향으로 돌려야 하지 않을까 싶다.

근심을 이기는 7가지 방법

1. 가능하면 즉시 손을 쓴다.

2. 자기가 걱정하는 것이 무엇인지 냉정하게 생각해 본다.

3. 앞서 걱정하지 않는다.

4. 피하지 않고 두려움에 맞선다.

5. 어떤 일이든 되도록 느긋하게 생각하려고 애쓴다.

6. 운동이나 놀이 등을 통해 기분전환을 한다.

7. 믿을 만한 사람에게 근심거리를 털어놓는다.

출처: 나를 바꾸는 성공전략(이경애)

잘 웃는 사람이 성공한다.
웃음의 달인은 내가 잘 웃는 것도 포함되지만,
남을 잘 웃도록 만드는 것도 웃음의 달인이다.
본인이 잘 웃는 것은 그렇다 치더라도
남을 웃음의 도가니로 몰아넣을 수만 있다면,
세상을 재미있게 즐길 수 있는 능력을
가지고 있다고 볼 수 있다.

chapter 3

백만 불의 웃음

인생에는 목표로 삼을 것이 두 가지 있는데,
첫째는 욕망하는 것을 소유하는 일,
둘째는 그것을 즐기는 일이다.
그런데 인류 가운데에도 가장 현명한 자들만이
제2의 것을 성취한다.

-로건 피어설 스미스

웃음은 최고의 호신술이다

미국 항공계는 2001년 9.11 테러 사태로 최악의 한해를 보냈다. 모두 70억 달러의 적자를 기록했다. 그러나 6위의 사우드웨스트(SWA)항공은 유일하게 흑자 5억 달러 이상을 냈다. 그 비결은 무엇일까? 직원들에게 일하고 싶어 하는 환경을 만들어 주는 것이 핵심이었던 것이다. 경영자들은 '직원은 왕'이라고 생각하며 직원들이 즐겁게 일하는 것을 이 회사 최고의 가치로 삼았다.

유머 있는 사람은 맹목적 복종이 아닌 자발적인 책임을 다한다는 신념을 갖고 있는 이 회사의 비행기 안에 붙어 있는 문구 또한 독특하다.

"흡연은 비행기 날개 위 스카이라운지를 이용해 주십시오. '거기에는 바람과 함께 사라지다'가 상영되고 있습니다."

최근 포천이 선정한 '존경받는 기업' 순위에서도 제너럴 일렉

트릭사(GE)에 이어 2위를 차지했고, 언론들이 매년 선정하는 '가장 안전한 항공사', '가장 시간을 잘 지키는 항공사'에서도 항상 최상위를 차지하고 있다.

이 세상에서 가장 강력한 무기는 무엇일까?

칼을 들이대면서 하는 폭력과 협박으로부터 자신을 보호할 수 있는 최고의 무기는 무엇일까?

그것은 '미소'이다.

미소는 상대방의 마음속 깊숙한 곳에 자리 잡고 있는 사악한 에너지를 녹이는 용광로이다.

싸움을 하는 데 있어 최고의 싸움꾼은 상대방에게 폭력을 휘둘러 승리를 거두는 것이다. 하지만 폭력은 최고의 싸움꾼이라 할 수 없는 최하위의 싸움꾼이다. 왜냐하면 상대방을 향해 폭력을 행사하다 보면 자신도 폭력으로부터 자유롭지 못한 상태에서 승리를 거둔 결과이기 때문이다.

물리적인 폭력을 휘둘러 거둔 승리보다 차원이 높은 싸움은 무엇일까?

상대방을 향해 비난과 자존심을 상하게 하는 언어로 폭력을 행사하는 것이다. 상대방이 감추고 싶어 하는 사건들을 일일이 나열하여 자존심을 짓밟아 가며 스트레스를 최대한 받게 하는 것이다. 정신적인 싸움으로 상대방에게 폭력을 행사하는 것. 이 방법 또한 최고의 싸움꾼이라 말할 수 없다. 왜냐하면 상대방을 향해 온갖 욕설과 비방 섞인 언어를 행사하다 보니 자신의 마음속에도 온갖 스트레스 호르몬이 코티졸과 아드레날린이라는 호르몬을 생산하고 있기 때문이다.

부메랑을 하늘 높이 던지게 되면 어떤 곳으로 날아갈까?

자신이 던진 위치로 되돌아올 것이다. 자신이 긍정과 희망이라는 부메랑을 던졌다면 사람들을 기쁘게 만들어 주는 사랑의 화살로 변화되어 당신을 향해 기분 좋게 되돌아올 것이다.

반면에 스트레스가 팍팍 섞여 있는 비난 섞인 언어로 된 부메랑을 던졌다면 자기 자신을 향해 온갖 코티졸과 아드레날린 호르몬이 섞인 독화살로 변화되어 당신의 가슴속 심장을 향해 빠르게 날아올 것이다.

이 방법 역시 폭력을 휘둘러 행사한 싸움보다는 차원이 높은 싸움이지만 최고의 싸움이라고 말할 순 없겠다. 왜냐하면 자기 자신도 스트레스 호르몬을 통해 피해를 보기 때문이다.

그렇다면 지상 최고의 싸움은 무엇일까?

그것은 상대방의 마음을 굴복시키는 것이다. 미소라는 무기를 통해 상대방의 마음을 빼앗는 것이다.

물리적인 폭력을 행사해서 자신도 부상당하는 원시적인 전술이 아니요, 정신적인 폭력을 행사해서 자신도 정신적으로 고갈되는 아날로그식 전술이 아니라 힘 하나 들이지 않고 상대방의 자존심을 멍들게 만들지 않게 하는 '미소'라는 디지털 전술이 최고의 싸움인 방법이다.

상대방이 아무리 화가 났을 경우라도 '미소'라는 표정에는 그만 KO당하고 만다.

한 달 전 필자는 유치원 수련생의 미소로 인해 보기 좋게 KO당한 일이 있었다.

필자의 도장은 태권도 정규 수업을 시작하기 전에 매일 줄넘기 연습을 5~10분간 한다. 전에는 정규수업 내내 태권도만 지도했었는데, 근교 초등학교에서 줄넘기 인증제를 도입하는 바람에 운동 프로그램을 탄력적으로 운영하지 않을 수 없었다.

어느 날, 줄넘기 시간에 늘 혼이 나는 유치원 수련생이 있었는데 이날도 깜빡해서 줄넘기를 가져오지 않았다.

유치원생이다 보니 너그럽게 넘어갈 수 있었지만 줄넘기 연습은 태권도 정규수업의 한 부분이요, 또한 단체활동이다 보니 이 어린 유치원 수련생을 계속 감싸다가는 원활한 수업 분위기가 이루어질 수 없을 것 같아 혼을 내기로 결심했다.

"너, 오늘도 줄넘기 안 가져왔네?"

"예, 깜빡했어요."

"매일 깜빡하면 어떡해? 이번 달 승급심사는 줄넘기로 심사 볼 예정인데?"

순간 유치원 수련생은 줄넘기 시간에 늘 사용하는 말로 이렇게 말했다.

"사부님, 집에서 나오기 전에는 기억나는데 꼭 도장에 오게 되면 깜빡해요."

참고로 필자는 이 수련생이 줄넘기 시간에 상황을 모면하기 위한 비슷한 멘트를 지금까지 10번 이상 들었던 것 같다.

"너, 앞으로 줄넘기 하지 마. 알았어? 지금부터 줄넘기 시간에 무조건 눈감고 있는 거야. 알았지?"

필자가 격앙된 목소리로 말하자 이 수련생 눈가에는 눈물이 고여 들기 시작했다.

이 수련생의 버릇을 고쳐 주기 위해 계속해서 말했다.

"너 어떡하냐? 이번 달 심사 자동으로 불합격되겠네? 이번 달 심사 줄넘기로 시험 본다고 사부님이 누누이 말했었지? 아마도 이번 달은 너만 자동으로 불합격되겠네. 부모님이 좋아하시겠다."

필자는 부정적인 방향으로 말을 계속 이어 나갔다.

"부모님이 우리 도장에서 너만 불합격되었다는 소식을 듣게 되면 상당히 슬퍼하시겠다. 그렇지?”

“너 지금부터 어떻게 할 거야? 말해 봐.”

“아마 너의 아파트 방송실에서 너 이름 석 자가 인터폰에 의해 불합격되었다는 소문이 온 동네에 퍼지게 될 걸.”

순간 심각한 표정을 짓고 눈에 눈물이 고여 금방 떨어질 것 같던 이 유치원 수련생이 필자를 향해 웃으며 이렇게 말을 하는 것이었다.

“사부님, 석 자가 뭐예요?”

이 어린 유치원생의 웃음 섞인 표정을 보는 순간 필자는 웃지 않을 수 없었다.

어리고 워낙 긍정적으로 생활하는 어린 수련생이다 보니 필자는 보기 좋게 지상 최고의 호신술에 KO를 당하고 말았던 것이다.

옛날에 기성자가 왕을 위해 싸움닭을 키웠다. 싸움닭을 키운 지 열흘이 지나자 왕이 물었다.

“닭은 쓸 만하게 되었느냐?”

“아직 안 됐습니다. 제 기운을 믿고 공연히 뽐내기만 합니다.”

다시 열흘이 지나 왕이 또 묻자 그는,

“아직 안 됐습니다. 아직은 상대를 보면 산울림이 소리에 응하고 그림자가 따르듯이 덤벼들려 합니다."

다시 열흘이 지나자 왕이 다시 또 물었다.

"아직 멀었습니다. 아직도 상대를 보기만 하면 노려보고 혈기에 끌리는 점이 있습니다."

다시 열흘이 지나 왕이 물었더니 기성자가 이렇게 말하는 것이었다.

"이제는 됐습니다. 다른 닭이 울어도 움직이는 빛이 안 보이고, 먼 데서 바라보면 마치 나무로 조각된 닭과도 같습니다. 자연의 덕을 완전히 갖춘 것이 확실합니다. 어떤 닭도 감히 덤비지 못할 것이며, 아마 바라보기만 해도 도망치고 말 것입니다."

제대로 훈련된 무사는 함부로 칼을 뽑지 않는다. 위에 있는 예를 통해서도 알 수 있듯이 폭력을 통해 상대를 제압하는 원시적인 기술이 아니고, 독화살 같은 혀와 입을 통해 상대방의 자존심에 상처를 주게 하는 아날로그 기술이 아닌 상대의 마음을 사로잡아 상대의 마음속에 긍정의 씨앗을 심어 주게 하는 고차원적인 디지털 기술이 필요하지 않나 생각한다.

긍정의 동반자 웃음

웃음은 웃는 사람뿐 아니라 주위에 있는 모든 사람들에게 즐거움과 활기 넘치는 에너지를 전염시키는 마법 같은 힘을 발휘한다.

〈백만 불짜리 습관〉 등 세계적 베스트셀러 작가이자 동기부여 전문가인 브라이언 트레이시는 처음 청소부에서 시작하여 세계적인 카운슬러로 성공할 수 있었던 이유를 이렇게 말했다.

"내가 성공할 수 있었던 것은 평소에 인간관계를 어떻게 하느냐에 따라 좌우되며 인간관계는 바로 얼마나 잘 웃느냐에 의해서 결정되는 것 같다."라고 말했다.

평소에 영업전선에서 활동하는 사람들이나 인간관계를 중시하는 사람들에게는 필수적인 덕목으로, 웃음이라는 긍정의 에너지는 선택이 아니라 필수로 받아들여야 할 중요한 비즈니스인 것이다. 웃음은 주위의 사람들에게 기쁨의 영양 바이러스를 전파시키게 만들어 결국 사람을 성공으로 인도해 주게끔 안내해 주게 만드는 가장 빠른 아우토반 스포츠카 전용인 도로인 것이다.

웃음은 우리에게 여러 혜택을 안겨 준다. 웃음은 젊음을 지켜주는 영원한 화장품을 생산해 낸다. 돈 한 푼 안 들이고 맘껏 바를 수 있는 고급 화장품이 만들어진다는 것이다. 육체적으로 바르는 화장품이 아닌 주위 사람들에게 편안함을 주고 기쁨을 선사하게 만들어 주는 웃음의 화장품을 얼굴 구석구석에 맘껏 치장하는 것은 어떨까?

운동생리학적으로 봐도 웃음은 인체에 긍정적인 영향을 미치게 만든다. 당신이 거울 앞에서 즐거운 일을 상상하면서 신나게 웃어 보아라. 당신이 한 번 웃으면 얼굴근육 26개 중에 21개의 근육이 움직이면서 안면근육운동이 자연스럽게 움직이게 될 것이다. 또한 20초간 웃으면 3분간 노 젖는 운동 효과가 있다는 것이다. 주위에 있는 사람들 앞에서 웃음은 정신적으로 긍정의 에너지 빛을 쏘게 될 뿐만 아니라 육체적으로도 운동을 하게 되는 효과를 얻게 될 것이다.

한 번 웃으면 청춘이 회복되고 기분이 좋아질 것이다. 한 번 웃으면 주위에 환한 촛불이 켜져 밝은 희망의 빛을 쏘아 댈 것이다. 한 번 웃으면 주위에 상쾌한 기분이라는 전염병이 돌기 시작할 것이다. 한 번 웃으면 당신의 가슴에 미소라는 메아리가 주위를 맴돌게 된 후 자신을 향해 되돌아올 것이다. 한 번 웃으면 몸속에서 엔도르핀이 나와 당신을 억누르고 있는 부정이라는 나쁜 세균들을 공격하기 시작할 것이다. 한 번 웃으면 몸속에서 약과 해독제를 마구 방출시키게 될 것이다. 한 번 웃으면 공동묘지로 가는 아우토반 스포츠카에 브레이크를 힘껏 밟을 것이다. 한 번 웃으면 수백 명의 사람들에게 기쁨과 희망을 주는 약을 제조해 주는 노벨의학박사가 될 것이다. 당신이 화를, 분노를, 증오를, 미움을, 웃음을 통해 한 번씩 줄여 나갈 때마다 당신의 수명은 점점 연장되어 갈 것이다.

늘 즐기면 웃음은 저절로 만들어진다.

2009년 대한민국을 뜨겁게 달군 WBC 월드베이스볼클래식, 우리 국민들 귓가에는 아직도 그때의 응원 함성이 그대로 메아리치고 있다. 또한 며칠 전 세계피겨선수권대회에서 그것도 세계 최초로 꿈의 200점 돌파(참고로 207점)라는 신기록으로 우승한 사건은 우리 모두의 마음에 기쁨과 즐거움을 선사해 주었다.

세계적인 축구지도자 거스 히딩크 감독을 기억하고 있는가?

2002년 월드컵 때 월드컵 본선을 연속해서 몇 번을 나갔지만 한 번도 16강에 진출하지 못한 팀이 대한민국이 아니었는가?

히딩크 감독의 지도력 중에 가장 뛰어난 것은 무한경쟁을 통해 늘 즐거운 분위기를 만들어 주었다는 것이다.

"훈련을 훈련으로 생각하지 말고 즐겨라."는 식으로 선수들을 지도했다는 것이다.

공부든 운동이든 평소에 즐기면서 한다면 많은 긍정적인 효과를 발휘한다. 아무리 힘든 체력 운동을 할 경우에도 자신이 좋아한다면 체력 운동은 힘든 운동이 아니라 자신을 더욱 강하게 만들어 주는 보약으로 생각하게 될 것이다.

책을 집필하고 있는 필자도 태권도를 지도하면서 웃음을 만끽하는 생활을 하며 즐겁게 지내고 있다. 각양각색의 수련생들과 함께 있다 보면 어느 새 필자도 초등학생이 된 기분이랄까? 무한경쟁 속에서 서로가 서로를 이용하는 어른들의 세계와는 달리 단순하고 순수한 마음을 가진 아이들과 함께하다 보면 나도 모르게 동심 속으로 빠져드는 경우가 비일비재하다. 물론 어른들의 세계와는 달리 어린이들과 함께하다 보면 보이지 않는 장애물들이 많이 있다. 언제 어느 장소에서 부상을 당할지 모르는 시한폭탄 같은 존재들이어서 늘 긴장을 하지 않을 수 없다. 어른들 혹은 스스로 생각하며 판단할 수 있는 청소년들이라면 걱정 없이 편한 마음을 가질 수 있을지도 모른다. 그러나 즐거움과 걱정이 함께 따르는 양면성 속에 자신이 어떻게 생각하고 받아들이느냐에 따른 결과는 다르지 않을까?

긍정적으로 생각하고 행동하는 자세로 임하면 하루하루가 즐거운 시간이 될 것이다. 하지만 "운동하다 다치면 어떻게 하지? 부상이 심하면 함께 운동한 수련생들에게 안 좋은 영향을 끼치게 되는데." 하며 수심이 가득 찬 얼굴로 부정적으로 생활에 임하게 되면 몸과 마음은 나날이 피로에 쌓이게 될 것이다.

즐기면서 생활하는 사람들의 특징 중에 가장 중요한 것은 그 사람의 얼굴에 나타나는 밝은 표정에 있다는 것이다. 운동을 하면서도 늘 운동 속에서 큰 희열을 느끼는 것이 얼굴에도 나타난다. 일을 하고 있는지, 재미있는 게임이나 놀이를 하는지, 아무도 구분을 할 수 없게 되는 것이 바로 즐기면서 어떤 일에 몰입하고 있는 것이다.

긍정적인 사고방식은 자신은 물론 주위에 있는 모든 이들에게 매우 중요한 영향을 끼치게 만든다. 예를 들어 "감사합니다." "덕분에 많은 것을 배우게 되었습니다." 등 다른 이에게 긍정적인 언어로 말해 보아라. 그러면 상대방은 당신을 향해 긍정의 화살을 쏘게 될 것이다. 반대로 "기분 나빠." "당신 때문에 모든 게 엉망이잖아." 등 부정적인 언어로 말해 보아라. 그러면 상대방은 불쾌한 생각으로 여러 가지 상황을 생각한 후에 당신을 향해 비난 섞인 독화살을 가슴에 쏘게 될 것이다. 단지 몇 개의 단어를 사용한 것만 봐도 우리의 마음은 행복해질 수도 있고 아니면 불편한 가시방석에 앉을 수도 있게 된다는 뜻이다.

1991년은 일본에 많은 태풍이 발생한 해다. 아오모리 현에도 역시 계속되는 태풍으로 인해 사과의 90%이상이 땅에 떨어졌다고 한다. 사과농사로 생계를 유지하고 있는 주민들은 많은 실망과 좌절, 슬픔 속에 하루하루를 보냈다. 그때 사과농사를 짓는 한 농부가 "괜찮아, 괜찮아", "다음 해에는 반드시 질 좋고 맛있는 사과들이 수확될 거야." 하며 스스로에게 위로를 했다. 그러던 중 태풍에도 떨어지지 않은 사과를 우연히 발견했다.

"강력한 태풍의 바람에도 떨어지지 않은 사과들이 있네." 하며 의아하게 생각한 농부는 순간 아이디어를 생각해 냈다. "태풍에도 떨어지지 않는 사과라?"

"그래, 태풍에도 떨어지지 않은 사과로 판매해 보는 거야."

그 사과농부는 '결코 태풍에도 떨어지지 않은 사과' 상표를 만든 후 사과 한 개당 1만 원씩 붙인 후 전국 각 지역에 있는 수험생들에게 판매하기 시작했다. 그 결과 사과는 수험생들에게 불티나게 팔리기 시작했다. 그 사과농부는 태풍으로 사과수확량은 적었지만 긍정이라는 생각의 전환을 통해 더 많은 수익을 올릴 수 있었다.

위에 있는 사과농부의 '괜찮아'라는 긍정적인 생각과 행동은 슬픔에서 기쁨으로 전환시킨 전화위복(轉禍爲福)의 결과물이라 할 수 있다.

클레이멘스톤은 "생각이 바뀌면 행동이 바뀌고 행동이 바뀌면 습관이 바뀌며 습관이 바뀌면 인생이 바뀐다."라며 "자신에게 긍정적인 이미지를 붙여 놓고 다음 세 문장을 매일 아침 외쳐라."라고 말한다.

"나는 오늘 기분이 좋다!"
"나는 오늘 건강하다!"
"나는 오늘 너무 멋있다!"

이 세 문장을 거울 앞에서 힘차게 외치면서 자신의 하루를 시작하라는 것이다. 매일 거울 앞에 서서 위에 있는 세 문장을 보고, 큰 소리로 읽다 보면 자신의 뇌 속 깊숙한 잠재의식 속에 단단한 밧줄로 엮이게 될 것이다.

여기서 필자는 클레이멘스톤의 긍정적 사고방식에 하나 더 추가하고자 한다.

필자의 책상 앞 A4종이에 적힌 글귀로 마음이 불안할 때 혹은 부정적인 마음이 당신을 짓누를 때 본다면 마음이 편안해질 것이다.

이 세 글귀는 필자가 아침에 도장에 출근할 때 마음속으로 100번씩 소리 내어 실천하는 일종의 사명선언문이다.

① 늘 긍정적으로 바라보자

늘 긍정적으로 생각할 수 있게끔 만들어 주는 나침반의 역할을 하게 한다.

태권도장에 처음으로 입관하게 된 형제를 예로 들어 보도록 하겠다.

공부든 신체활동을 하든 간에 두 형제들 중 나이 차이가 많이 나지 않는 한, 반드시 형이 우위에 서 있는 것은 아니다. 때로는 동생이 더욱 명석하거나 운동신경이 비교우위에서 앞서는 경우가 종종 있다.

이때 "형이 동생보다 뒤떨어지네."라는 관점으로 바라보게 되면 형제들을 비교하면서 지도하게 될 것이다.

만약 지도하면서 동생과 비교를 하면서 생각 없이 말을 함부로 한다면 분명 그 형의 가슴에 큰 상처를 내고 심장에 독침을 찔러 대며 의기소침하게 만들게 할 것이다.

아무리 착한 어린이일지라도 말 한마디에 평생 잊지 못할 기억을 간직한 채 생활하게 될 것이다.

이때 "늘 긍정적으로 바라보자."라는 글귀는 남과 비교하게끔 하는 부정적인 관점들이 자신의 뇌 속 깊숙한 곳에 침투하지 못하도록 방어 시스템을 만들어 주는 역할을 한다.

"그래, 형제가 다 똑같을 수는 없지. 분명 동생보다 형이 잘하는 것이 있을 거야. 지금부터 잘 관찰해 보자." 등 이러한 관점으로 상대방의 단점을 찾기보다는 장점을 찾으려 노력하며, 상대방에게 한 가지라도 배우려 하는 열린 마음의 자세를 갖는다면 세상을 바라보는 시야는 늘 긍정적으로 비쳐질 것이다.

② 늘 불평하지 않는다

"사람의 욕심에는 끝이 없다."라는 말이 있다. "사람의 욕심은 입만 있고 항문이 없다."라는 말과 일맥상통하는 말이다.

맛있는 음식이 당신 앞에 놓여 있다고 생각해 보자. 허기진 위장에 맛있는 음식을 채우기 위해 쉴 새 없이 먹고 싶을 것이다. 위장 속에 음식물이 차곡차곡 쌓여지다 보면 처음엔 맛있었던 음식들도 차츰 거부반응을 일으키기 시작할 것이다. 만약 포만해진 음식 노폐물을 밖으로 배출하는 기능이 제구실을 못하게 된다면 어떠한 일이 벌어지겠는가? 분명 배에 가스가 가득차서 '뻥'하며 응급실로 실려 갈 것이다.

욕심도 이러한 예와 별반 다르지 않을 것이다.

만족할 줄 모르는 생활을 계속 영위하며 생활한다면 부정이라는 근심과, 초조함, 걱정 어린 생각들이 자신의 마음속 깊은 곳에 자리 잡게 될 것이다.

만약 입을 통해 끊임없이 욕심을 채우더라도 항문이라는 베풂과 봉사 속에 사람들을 기쁘게 만들어 준다면 욕심은 욕심으로만 끝나는 것이 아니라 당신의 이름이 영원히 사람들의 기억 속에 긍정의 이미지로 각인되지 않을까 싶다.

100년 만에 찾아온 세계 경제불황과 국내 내수경기 침체 속에 사람들은 늘 앞만 보며 남과 비교하려 한다.

달리기를 할 경우 1등이 있으면 꼴찌가 있으며, 승자가 있으면 패자가 있기 마련이다.

늘 앞만 보고 전진하지 말고 뒤도 돌아보는 자세를 가져보자. 항상 잘나가는 사람들과만 비교하지 말고 주위를 유심히 관찰하다 보면 자신보다 못난 사람들이 의외로 많다는 사실을 알게 될 것이다.

필자의 태권도장 월수입을 예로 들어 보겠다(구체적인 숫자로 나열하지 못한다는 점은 독자들이 이해해 주기 바란다.)

필자의 태권도장 월수입을 타 동문도장들과 비교한다면 큰 스트레스를 받지 않을 수 없다. 비슷한 시기에 태권도장을 오픈했는데 타 동문도장들은 아파트 값이며 고급 자동차 및 상가를 분양받을 수 있을 만큼 부(富)를 축적했다. 물론 모아둔 여윳돈으로 재테크를 통해 더 많은 부(富)를 축적했다는 것을 부인하지는 않겠다.

필자는 월세를 지불하고 나면 소박하게 저축하는 정도의 자금밖에 모이질 않는다. 물론 그동안 모아둔 자금으로 대학원 학비와 발명특허 연구비용, 콘텐츠 개발비용으로 투자를 많이 했다는 것을 부인하지 않겠다.

하지만 시간이 흐를수록 동문들과 현재 필자가 모아 둔 금액을 비교했을 때 부(富)의 격차는 점점 벌어지고 있다는 느낌을 많이 받곤 한다.

그러나 필자는 동문도장들과 비교할 때 수입이 적었어도 돈 때문에 좌절하거나 스트레스에 시달린 적은 거의 없었던 것 같다. 혹시 "집안에 물려받은 재산이 많아서 그런 생각을 하는 거 아니냐?"고 생각하는 독자들도 있을 것이다.

"정말 집안에 물려받을 수 있는 재산이라도 있었으면 좋겠습니다."라고 말할 수 있었으면 좋겠다.

돈이란 긍정적일 때는 느끼지 못하지만 부정적인 상황들일 때는 큰 위력을 발휘한다는 것은 누구나 다 수긍하는 사실을 필자도 알고 있다.

하지만 필자는 그동안 집중적으로 투자한 아이템들이 잘될 것이라는 꿈을 가지고 있기 때문에 긍정적으로 생활하려 하는 이유도 있겠지만, 늘 주위를 '내려보는 연습', 즉 뒤를 돌아보는 자세를 갖고 생활하고 있기 때문에 돈의 수익에 대한 불만사항 지수를 마인드 컨트롤할 수 있었던 것 같다.

당신이 월 10만 원의 월급을 받는다고 하자. 주위의 친구나 이웃은 월 20만 원의 월급을 받고 있다. 분명 당신은 월수입에 대해 불평불만을 가질 것이다.

"어, 나이는 나랑 비슷한데 월급을 나보다 2배나 많이 받네. 아! 열받어, 빨리 다른 회사로 이직을 해야겠다."며 열심히 인터넷이나 신문 구직광고란을 통해 다른 회사로 이직하려는 마음이 용솟음칠 것이다.

그때, 뒤를 돌아보기 바란다.

당신이 월 벌어들이는 수입보다 못한 월급으로 생활하는 사람들이 많다는 것을 알게 될 것이다.

그러한 사람들을 보게 된다면 당신의 마음속에 있는 부정적인 생각들이 점차 변화되어 갈 것이다.

"나보다 수입이 적은 사람들이 참 많네. 아직도 직장을 구하지 못하는 친구들을 보자면, 참! 나는 행복한 사람이구나!"라며 당신은 행복과 감사의 마음을 느낄 것이다.

③ 감사하는 마음을 잊지 않는다

사람을 움직이게 하는 비결 중의 하나가 상대방으로 하여금 감사하는 마음을 갖는 것이다. 예로부터 칭찬과 감사는 마법의 지팡이라 했는데 이것이야말로 사람을 불속이라도 뛰어 들게 만드는 뇌관이자 추진로켓이다. 다른 사람에게 인정받고자 하는 사람은 먼저 '감사'라는 말을 입에 늘 담고 다녀야 한다.

칭찬과 감사하는 마음만큼 사람을 기쁘게 해 주는 언어가 또 있을까? 사랑과 사업도, 운동도, 결국은 이 '칭찬과 감사'라는 말을 듣기 위해 열심히 하는 것은 아닐까?

'감사'라는 말은 아군과 적군 또는 상대방과의 의견에 충돌이 발생했을 때 거대한 산봉우리를 뚫게 하는 커뮤니케이션의 터널공사와 같은 마법을 발휘하는 위력이 있다.

감사는 상대방을 끌어들이는 강력한 본드이자 자석이다. 반면에 상대방을 인정하지 않으려는 마음가짐이나 행동은 적대감을 불러일으키게 만든다. 늘 고마워하지 않는 마음자세는 늘 상대방으로 하여금 오해를 만들어 낸다. 본인은 그렇게 생각하고 있지 않더라도 말이다.

지금부터 '감사'라는 단어를 생활에 접목시켜 보는 것은 어떨까?

필자는 상대방에게 휴대폰으로 문자메시지를 보내거나 이메일로 편지를 쓸 때 '감사'라는 단어를 잊지 않고 꼭 쓰는 버릇이 있다. 처음에는 어색하고 쑥스러운 면이 없지 않았는데 계속 사용하다 보니 어느새 적응이 되었던 것이다. 중요한 것은 '감사'라는 글귀 사용을 통해 많은 것을 얻었다는 데 있다.

무엇보다 '감사'라는 글귀 사용을 통해 답장을 많이 받았다는 사실이다. 평상시와 똑같은 문장에 단지 '감사합니다'라는 한 문장을 추가시킨 것뿐인데, 상대방으로부터 '고맙다'라는 답장을 받고, 전보다 더욱 끈끈한 커뮤니케이션이 이루어졌다는 것이다.

마이클 매컬러프 박사는 자신의 연구 결과에 대해 이렇게 말했다.

"감사하는 마음을 가지면 숙면을 취하고, 좋은 기분을 유지하며, 피곤함이 없어진다. 또한 자부심을 강화시키며 정서적 유대감을 유발하여 인간관계를 돈독하게 만든다."

인도의 간디는 '감사의 분량이 곧 행복의 분량'이라고 말하며 감사와 행복은 비례하는 것이라고 강조했다.

이처럼 감사는 우리들의 마음을 편안하게 만들어 주어 웃을 수 있는 마음으로 변화시키는 촉매제 역할을 한다. 감사하는 마음을 가진 사람과 그렇지 않은 사람은 얼굴 표정만 봐도 다르다는 것을 알아차릴 것이다. 감사하는 마음이나 감사하는 행동을 상대방에게 보여 주게 되면 찡그리며 세상을 비관적으로 바라보는 사람들도 닫혀 있는 가슴속 어둠의 커튼을 활짝 열게 만들 것이다.

감사는 행복과 건강을 가져오게 만드는 진정한 긍정적 웃음의 시작인 것이다.

웃음의 효과

인간의 육체는 마음먹기에 따라 정신이 지배해 나간다는 것을 알자. 부정과 비난은 몸과 마음을 지치게 만들어 줄 뿐 아니라 친절하게 공동묘지로 가는 고속도로를 만들어 줄 것이다. 화를 한 번 낼 때 몸속의 심장, 간장, 위장, 대장과 소장 등이 한 조각씩 날카로운 칼로 잘려 나가고 있다는 것을 알아야 한다.

화를 한 번 낼 때마다 몸 안의 동맥과 정맥에서는 피가 가다가 멈추는 현상을 반복하게 될 것이다. 또 혈관은 벌겋게 녹이 슬어 가고, 얼굴의 주름살과 가슴속의 주름살은 자꾸만 늘어가게 되어 수명은 점점 단축되어 갈 것이다.

현재 당신이 한 번 화를 내면 마음이라는 조각가는 "얼씨구 좋다."라며 당신이 안면 근육에 찌푸린 인상을 열심히 조각해 나갈 것이다. 그렇게 되면 당신의 주위에 있는 친구들은 하나같이 당신 곁을 떠날 것이다. 결국 당신의 응원군이 줄어들게 된다는 뜻이다.

이처럼 부정적인 마음에서 오는 요소들은 빨리 다른 방향으로 인식을 전환해야 한다.

화를 냄으로써 당신의 몸속 안에 복어와 뱀독 다음으로 독성이 강한 아드레날린 호르몬을 생산해 내고 싶은가? 수십 명을 죽일 수 있는 강력한 호르몬이 당신의 몸 안에서 쉴 새 없이 가공되어 가고 있다고 생각해 보자. 아마 당신은 하늘나라에서 저승사자가 열렬한 응원 속에 당신을 맞이하게 된다는 사실을 알게 될 것이다.

그러나 부정적인 사고방식을 긍정적인 사고방식으로 전환시켰다면 우리의 몸 안은 놀라운 희망의 재생에너지가 만들어진다는 것을 느끼게 될 것이다. 당신을 죽음으로 안내해 주는 아드레날린 호르몬은 쾌감을 주는 엔도르핀으로 바뀌게 될 것이다. 당신 곁을 떠났던 주위 사람들은 당신 곁으로 다시 구름떼처럼 몰려와 당신을 금의환향시켜 줄 것이다.

"마음의 건강이 육체의 건강을 좌우한다. 우리에게는 단 한 번 인생의 기회가 주어진다. 그리고 그 인생의 성패는 마음가짐에 달려 있다. 적극적인 사고방식을 가진 사람은 육체적으로 건강하고 장수하는 데 반해, 소극적인 사고방식을 가진

사람은 병들기 쉽고 단명하며 인생을 비극으로 끝내기 일쑤
이다. 당신은 건강한 인생, 성공하는 인생을 원할 것이다. 비
결은 간단하다. 마음을 바꾸고 생활태도를 바꿔라."

-노만 빈센트 필

노만 빈센트 필 박사의 말처럼 마음을 바꾸고 생활태도를 바
꾸며 생활한다면 가공할 만한 강력한 무기를 생산해 낸다는 것
이다.

캐릿 포터라는 어린이는 악성 뇌종양으로 6개월 시한부 인생
을 선고받았다. 동원할 수 있는 치료법은 이미 모두 시도해 본
뒤여서, 이 어린이에게는 이제 아무런 희망도 찾아볼 수 없는 처
지에 놓여 있었다. 한 번 쓰러지면 다시 회복할 가망조차 없는
상태였던 것이다. 그런데 이 어린이의 뇌에서 종양이 완전히 사
라져 버리는 기적이 일어났다. 페트리셔 노리스 박사의 유도에
대해 '별들의 전쟁'을 시작한 지 5개월 만의 일이었다.

이 어린이는 자신의 뇌를 태양계로, 종양을 외계의 사악한 침
입자로 상상을 하고 자신은 무적의 우주 전투 중대장이 되어 적
을 무찌르는 마음속의 전투를 벌였던 것이다. 매일 잠들기 전
20분씩 '마음속으로만' 그런 상상을 계속한 것이 마침내 기적적
인 결과를 얻게 된 것이었다.

이 캐릿 포터라는 '별들의 전쟁'은 필자가 제1부 '상상력의 힘'

에서 집필했던 내용을 다시 한 번 발췌한 내용이다. 긍정적인 사고방식을 가지고 생활한다면 좋은 결과를 얻을 수 있다는 사실을 강조하고 싶었던 것이다.

그렇다면 긍정적인 사고방식 속에 항상 뒤따라 다니는 절친한 친구가 있다. 그것은 젊음을 영원히 지켜 주는 고급화장품인 '웃음'이라는 것이다. 당신이 한 번 웃으면 얼굴근육 26개 중에 21개의 근육이 움직이면서 안면근육을 열렬히 운동시켜 주는 웃음이라는 것이다.

당신이 한 번 웃으면 몸속에서 엔돌핀이 나와 나쁜 세균들을 공격하기 시작하고 몸속에서 약과 해독제를 마구 방출시킨다. 결국 당신이 한 번 웃으면 공동묘지로 가는 아우토반 스포츠카에 브레이크를 잡게 되는 것이다.

지금부터 '웃음'이라는 것이 어떻게 만들어지는지 또한 신체의 어느 부위에서 작용하는지에 대해 운동생리학으로 분석해 보도록 하겠다.

웃음은 뇌 속의 감정 중추인 변연계, 의지중추인 대뇌 신피질, 자율신경 반응중추인 시상하부가 만들어 내는 합작품이다. 예컨대 외부에서 재미난 애기를 듣거나 그림을 보았다고 치자. 이러한 정보는 눈이나 귀를 통해 감정중추인 변연계로 들어가

쾌감을 준비하고, 자율신경 반응 중추인 시상하부의 협조를 받아 즐거움을 외부에 내보낼 준비를 한다는 것이다.

하지만 장례식장같이 웃을 수 없는 상황판단이 필요하다. 이때 웃어도 된다는 허락을 내리는 부위가 대뇌 신피질이다. 이에 비해 사교적 웃음은 개인의 의지가 많이 작용하므로 대뇌 신피질이 많이 작용한다.

다시 말해 웃음은 눈과 귀의 감각기관을 거쳐 자율신경 중추인 시상하부를 통해 터져 나오게 되는데 사교상 웃음(억지 눈웃음)은 의지의 중추인 대뇌 신피질에서 나오고, 박장대소하면서 눈물까지 찔끔거리며 웃는 웃음은 감정의 중추인 중뇌(변연계)에서 나온다는 것이다.

화내고 긴장하면서 웃음을 잃어 버렸을 때의 우리 인체의 영향을 어떻게 미치겠는가?

웃지 않으면 안면 근육이 게을러져서 얼굴 윤곽이 훨씬 빨리 아래로 처지게 될 것이다. 웃음의 횟수가 줄어들면 그만큼 값비싼 화장품을 발로 차 버리는 것과 같은 결과를 만들어 낼 것이다. 화를 내거나 당신을 짓누르고 있는 각종 악성 바이러스로 혼합된 스트레스가 생기면 아드레날린 호르몬과 코티졸이라는 호르몬이 다량으로 분비되어 정신적인 노화현상과 수명을 단축시키게 만들 것이다.

한 번 화내고 긴장하면 한 번 늙는다는 '일로일로(一怒一老)'라는 말은 현실로 이루어질 것이다.

한 번 스트레스를 받을 때마다 뇌 세포는 3만~4만 개 정도의 세포가 파괴될 것이다. 계속된 뇌세포 파괴는 결국 당신을 현실 세계가 아닌 이상세계로 빠지게 만들어 주위 사람들과 함께 생활하지 못하는 최악의 상황으로까지 만들어 줄 것이다.

자연스런 웃음을 만드는 10가지 비결

–문석근 교수

1. 스트레칭으로 혈류를 좋게 만든다(웃음 스트레칭).

–마음껏 하품을 하거나 목을 쭉 펴고 어깨와 머리 스트레칭을 한다.

2. 호흡을 가다듬는다(웃음 준비호흡).

–심호흡을 하면서 깊이 숨을 들이마시고 천천히 내뱉는다.

–5초간 들이마시고 2초간 멈추고 15초 동안 내뱉는다.

3. 입 모양을 예쁘게 만든다(웃음 입 만들기).

–좋은 웃음은 입 모양이 만든다.

–웃을 때 입 꼬리가 위로 올라가면 안정감을 주고 친숙함을 느낀다.

4. 양 입 꼬리를 올린다(입 꼬리 올리기).

–손바닥을 양 볼에 대고 입 꼬리를 아래에서 위로 부드럽게 올린다.

5. 눈가를 움직인다(눈웃음 짓기).

–눈썹을 상하로 움직이게 하는 체조부터 시작하라.

6. 입술 끝을 올리면서 동시에 눈썹을 올린다(눈썹운동).

7. 천천히 길게 내시는 숨에 의식을 집중한다(의식을 집중하기).

8. 숨을 내쉴 때 즐거운 일을 떠올리며 활력을 높인다(즐거운 생각하기).

9. 유쾌한 목소리를 내면서 웃는 훈련을 한다(유쾌한 웃음 만들기).

10. 작은 미소–큰 미소–작은 소리 웃음–큰 소리 웃음–박장대소

    (5단계 웃음 만들기)

출처: 백만 불짜리 웃음(문석근)

지금부터 웃음을 통해 얻게 되는 효과에 대해 구체적으로 나열해 보도록 하겠다.

첫째, 웃음은 전신운동 효과를 가져온다는 것이다.

근육은 대략 650개 정도로 형성되어 있는데 찡그리고 있을 때는 약 50개 정도의 근육이 움직인다. 하지만 당신이 즐거워하고 있을 때 또는 즐거운 상상을 하며 웃고 있을 때는 231개의 근육이 작용한다는 것이다. 웃고 있을 때의 231개의 근육활동은 사람의 전체 근육 650개의 약 3분의 1정도를 차지하는 활동량으로 웃고 있는 것 자체만으로 전신 운동의 효과를 가져올 수 있다는 것이다.

또한 20초 동안의 웃음은 3분 동안 노 젓는 효과가 있고 100번 웃으면 10분 동안 전신운동을 한 효과가 있다는 것이다.

당신이 운동을 이제 막 시작하려고 다짐한 사람이라고 가정해 보자. 운동은 하고 싶은데 밖으로 나가서 활동하기까지는 쉽지 않을 것이다. 물론 천성적으로 활동하기 좋아하는 사람이라든지, 아니면 내 자신의 건강을 위해 꼭 운동해야겠다는 굳은 신념이 있는 사람이라면 별 걱정할 필요가 없겠다.

하지만 평상시 활동하기 싫어하는 사람이 갑자기 운동하라고 하면 쉽게 실천할 수 있겠는가? 운동하는 것보다는 서 있는 것이 편하고 서 있는 것보다는 앉아 있는 것이 편하며 앉아 있는 것보다는 누워 있고 싶어 하는 것이 인간적 특성이 아니겠는가?

당신이 피트니스에 가서 무거운 바벨을 이용해 운동하고 싶은 마음이 없다면 웃을 수 있는 운동프로그램을 스스로 만들어 보아라. 운동복 차림으로 걷기조차 귀찮아하는 마음이 있다면 원 없이 웃을 수 있는 기쁨의 활동프로그램을 작성해 보는 것이다. 배꼽 빠지게 웃고 나면 엄청난 에너지가 소모되어 쉽게 배가 고프고 허기질 것이다. 많이 웃는 것 자체만으로도 다이어트 효과를 가져온다는 사실을 명심하길 바란다.

둘째, 한 번 웃을 때마다 복부의 근육이 자극을 받아 소화를 촉진시킨다는 것이다.

기분이 좋은 상태에서 맛있는 고기를 보여 주면 위액이 다량 분비되나, 기분이 상한 상태서 맛있는 고기를 보여 주면 위액 분비가 멈추어 버린다.

셋째, 한 번 웃으면 긴장이 이완되고 뇌파는 쾌감상태인 베타 엔도르핀을 방출하기 쉬운 환경이 되고 이때 쾌감 중추인 A10을 자극하는 조건반사를 만들면서 적극적이고 긍정적으로 살아가게 만든다.

웃을 때는 650개의 근육 중에 231개가 작용하고 찡그릴 때는

50개만 작용하고 있다. 웃는 것 자체가 돈 안 들이고 하는 전신 운동의 효과를 불러일으킨다. 웃는다는 것은 내면의 조깅을 하는 것이다.

넷째, 웃음은 돈 안 드는 최고의 치료제이다.

웃으면 코티졸과 카테콜라민, 아드레날린과 같은 스트레스 호르몬 수치를 떨어뜨리고 암세포를 공격하는 NK세포를 활성화시키기 때문에 결과적으로 면역력이 증가하는 효과를 볼 수 있다는 것이다.

뿐만 아니라 뇌파는 편안한 상태로 이완되어 가장 강력한 베타 엔도르핀을 분비해 기분이 좋아지고 콜레스테롤 수치를 떨어뜨리게 만들어 준다.

다섯째, 사람은 사회적 동물이다.

사회는 혼자서는 유익한 삶을 영위할 수 없는 더불어 사는 세상이라는 것이다.

실제로 혼자 있을 때보다 여럿이 함께 있을 때는 웃음이 33배나 늘어난다고 한다.

웃음은 또한 바이러스처럼 강한 전파력이 있기 때문에 다른 사람의 마음까지도 즐거운 기분으로 바꾸어 주는 역할을 한다.

여섯째, 사교적 웃음, 즉 억지로라도 웃으면 마음이 밝아진다
는 것이다.

'마음이 즐거워야 웃지.'라고 반문하는 사람들이 있다. 그러나
억지로라도 웃으면 안면 피드백 효과와 뇌의 온도가 내려가서
마음이 밝아진다는 사실은 과학적으로도 증명되었다. 눈, 코,
입, 피부 등 감각기관이 몰려 있는 얼굴의 표정정보가 거꾸로 뇌
에 전달되어 반응을 유도하고 실제 실험에서도 미간을 좁혀 슬
픈 표정을 지을 때와 웃는 표정을 지을 때 심장 박동수에 차이
가 난다는 사실을 피드백 효과를 통해서도 알 수 있듯이 증명되
었다는 것이다.

연구에 따르면 미소를 지을 때 뇌의 혈류량과 귀로 들어가는
공기의 양이 늘어나 뇌의 온도가 내려가고 기분이 좋아지는데 뇌
의 온도는 상쾌함과 불쾌함을 결정한다고 한다. 섭씨 19도 이하
의 찬 공기를 들이마실 때 상쾌함을 느끼고, 감기에 걸려 코가
막히면 기분이 우울한 것도 뇌의 온도영향 때문이라는 것이다.

생활 속에서 웃는 습관 만들기

-문석근 교수

눈 뜨면서: 입을 크게 벌리고 하마 웃음법

아침에 일어나면서 눈을 뜸과 동시에 입을 크게 벌리면 하루 종일 쉽게 웃을 수 있게 된다. 그리고 입을 옆으로 벌리면서 "오늘은 내 인생 최고의 날이다."라고 외쳐 보라. 웃는 것이 재미있게 된다.

얼굴을 씻으면서: 하히후헤호 웃음법

아침에 세면을 하기 전에 거울을 보면서 크게 하, 히, 후, 헤, 호 웃음법을 연습하자. 아침부터 시원한 가슴을 맛볼 수 있을 것이다.

언제 어디서나: 신나는 노래에 맞추어 노래 웃음법

길가를 걸으면서, 또는 노래를 들을 때, 그리고 일을 하고 있을 때에도 입을 벌려 노래 웃음법을 시도해 보자. 좋아하는 노래에 맞춰 부르는 노래 웃음법은 생활에 큰 기쁨이 될 것이다.

스트레스 쌓일 때는: 입에 펜을 물고 펜 테크닉 웃음법

뭔가 일이 안 풀리고 스트레스가 쌓일 때는 자리에 앉아 가볍게 볼펜을 물고 하하하. 그래도 스트레스가 안 풀리면 나만의 장소를 찾아서 다양한 웃음법을 시도해 보자. "하하하하" 하면서 스트레스가 날아가 버리는 것을 느껴 보자.

잠자기 전에: 행복한 상상을 하는 행복 웃음법

하루를 행복하게 보냈다는 감사의 마음을 갖는 것이 중요하다. 그리고 자신이 원하는 미소를 지은 채 잠을 청하자. 아침에 일어났을 때 잠자기 전에 지었던 미소가 얼굴에 남아 있음을 느낄 것이다. 물론 기분도 최고가 된다.

출처: 백만 불짜리 웃음(문석근)

암은 마음의 병이다

"사람 죽이는 건 암세포가 아니라 절망"이다.

골반으로 전이된 암(癌) 때문에 한쪽 다리를 못 쓰게 되어 양쪽에 지팡이를 짚고 다닌다는 것 말고는 그가 암 환자라는 사실은 찾아볼 수 없었다. 지금까지 모두 11번이나 암세포가 재발했어도 그의 얼굴에는 환한 미소가 떠나지 않았으며 누구보다 맑고 밝았다. 바로 대장암 환자인 연세대 의대 강남세브란스병원 암센터 이희대 소장의 이야기다.

필자가 2009년 1월 3일자, 신문을 읽다가 긍정의 힘이 인체에 큰 영향력을 끼치게 한다는 것을 이 기사 내용을 통해 다시 한번 느끼게 되었다.

유방암 수술 분야에서 손꼽히는 명의(名醫)인 그는 2003년 1월 대장암 진단을 받았다. 당시 그는 대장을 절반 잘라 내는 수술을 받았다. 이후 항암치료를 받았지만 암은 간과 왼쪽 골반으로까지 번져 나갔다. 결국 대장암 4기, 즉 흔히 말하는 말기 암까지 진행되고 말았다.

그의 암은 집요했다. 지금까지 모두 11번이나 재발했다. 이로 인해 간과 골반 뼈 일부를 잘라 내는 수술을 5번 받았고 다섯 번의 고강도 방사선 치료도 받았다.

3~4개월씩 계속되는 항암치료도 두 번이나 받았던 그는 여느 환자들에게 처방했던 것처럼 모든 치료법을 고스란히 똑같이 받은 것이다.

그의 교수실 한쪽 벽에 걸린 대문만 한 크기의 칠판에는 그가 이제껏 받아 온 치료가 순서대로 빼곡히 적혀 있다. 더 이상 쓸 칸도 남아 있지 않았다. 하지만 그는 좌절하지 않았다.

"인생의 모든 고난은 동굴이 아니라 터널입니다. 언젠가는 끝이 있고 나가는 출구가 있죠. 그 고행을 이기면 예전보다 더 행복한 삶이 기다리고 있습니다. 그런 희망이 나를 이렇게 버티게 해 줬지요."

그는 골반 뼈 전의 암 치료 후유증으로 다리 전체를 관장하는 대퇴신경이 마비됐다. 이 때문에 두 개의 지팡이에 의지해 걷는다. 그럼에도도 이제껏 환자 진료를 놓지 않았다. 지금도 매주 2

~4개의 유방암 수술을 집도하고 있는 중이다.

이희대 교수는 또한 이런 말을 했다.

"저는 암 환자들에게 치료법이 남아 있다는 것만으로도 감
사해야 한다고 말합니다. 그리고 절대 절망해선 안 된다고
말하죠. 두려움이 골수(骨髓)를 녹여서 면역력을 떨어뜨리거
든요."

작년에는 환자들에게 투병 요령을 알려 주겠다는 뜻에서 자
신의 투병기를 책으로 펴냈다.

'희대의 소망'이라는 책에서 그는 이렇게 말하고 있다.

"암이 사람을 죽이는 게 아닙니다.
자신이 갖는 절망 때문에 죽는 거죠.

저는 암에 걸리기 전보다 지금이 더 행복합니다.
작은 것이 얼마나 소중한 것인지 알게 됐고,
가족과의 정도 더 깊어졌기 때문이죠."

그는 암과 요즘의 경제난에는 공통점이 있다고 말했다.

"암이란 경제와 같이 예측할 수 없이 다가온다는 사실입니다.
또한 참기 어려운 고통을 동반한다는 것이죠."

마지막으로 이희대 교수는 이런 말을 했다.

"건강하게 살았던 사람도 죽고 나서 부검해 보면 몸속에서
암세포가 나올 때가 많다고 했습니다. 암세포는 항상 우리 몸
안에 있다는 의미이지요."

"암은 마음의 병입니다.
마음이 바쁘고 스트레스를 이겨 내지 못하면,
그 틈을 타서 암 세포는 자랍니다.
항상 즐겁고, 매사를 감사하게 여기세요."

라는 말로 새로운 암 5기, 즉 희망의 암을 만들기 위해 노력
하고 있는 중이다.

암(癌)이라는 시한부 인생을 극복해 현재 행복한 삶을 이어
나가고 있는 김상태 목사님의 예를 하나 더 말해 보고자 한다.

곧 칠순을 앞두고 있는 김상태 목사님, 이 분은 현재 위장도
없고 심지어 식도, 비장, 췌장도 없는 상태의 몸을 가지고 있다.
13년 전 찾아온 위암에 모두 빼앗겨 버렸던 것이다. 당시 그는
의사로부터 3개월이라는 시한부 삶을 선고받았다.

위암 4기, 생존확률 1% 미만, 181cm 키에 40kg의 풍전등화,
가냘픈 생명의 불꽃처럼 위태롭게 보이기만 하던 그가 이제 활
짝 웃는 건강한 얼굴로 새로운 인생을 되찾은 것이었다.

이 사례는 얼마 전 방송프로그램에 소개된 사례이다. 1991년

도 우연히 병원에 들러 건강진단을 받던 김상태 목사님은 의사가 하는 말을 도저히 믿을 수가 없었다. 평상시 건강하다고 자부했던 그가 위암 말기 진단이라는 청천벽력 같은 의사의 말을 도저히 믿을 수가 없었다. 모든 암 환자들이 똑같겠지만 의사의 말을 듣는 순간 세상의 끝자락에 서 있음을 느꼈다고 한다. 밤마다 찾아오는 죽음에 대한 공포는 암으로 인한 고통 정도는 아무것도 아니었다고 고백하고 있다.

사실 암 환자라면 길어야 6개월, 아니면 3개월도 버티지 못하고 죽음이라는 운명에 처해진다. 수술보다는 오히려 집에서 조용히 생을 마감하려고 할 것이다.

그러나 목사님은 끝까지 포기를 하지 않고 수술을 시도하였다. 수술 후에 병원에서 치료를 받는 도중에 성경구절에 나오는 "웃으면서 살라. 늘 긍정적인 마음가짐으로 생활하라."라는 말에 깊은 감명을 받고, 그날부터는 아무리 통증이 와도 웃으면서 긍정적인 마음으로 치료에 임했다. 원래 타고난 성격이 꼼꼼하기도 하고 때로는 화도 잘 내는 성격을 지니고 있었기에 처음엔 쉽지가 않았다. 하지만 가급적이면 긍정적으로 세상을 바라보기 위해 노력했고 주위 사람들과 함께 웃음이 깃든 생활을 보내기로 작정을 하고 꾸준히 실천하면서 치료를 받아 나갔다.

방송국 기자가 인터뷰를 하는 도중, "암을 치료하는 데 웃음이 효과가 있다고 생각하십니까?"라는 질문을 받았다. 그러자 그는 기다렸다는 듯이 주먹을 힘껏 쥐고 "웃음이 확실한 치료방법입니다."라고 말했다. 그 말 속에는 웃음이라는 긍정적 호르몬 생성은 정말 어떤 약보다도 더 큰 위력을 발휘했다는 의미를 내포하고 있었던 것이다.

진단을 받고 5년이 지난 뒤, 병원에서 진단결과 암세포가 제거되었다고 한다. 의사조차도 믿기 어려운 결과를 앞에 두고 현대 의학으로는 도저히 설명하기 힘든 일이 발생한 것이다.

매사에 항상 기뻐하고 긍정적인 사고로 일상생활 자체를 즐기며 실천하고 있는 중이다.

김상태 목사님의 아내 정윤금 씨 역시 암 환자였다. 남편의 위암 발병 10개월 전, 갑상선암을 진단 받고 갑상선을 제거하는 수술을 받았다. 부부는 힘든 암 투병 중에서 긍정의 마음을 잃지 않았다. 딸과 함께 온 가족이 편안한 마음으로 계속 웃었다. 특별한 이유가 없어도 웃음을 찾기 위해 노력했다.

그 결과 3개월 시한부였던 삶이 15년을 훌쩍 넘긴 지금까지도 건강하게 지속되고 있다.

김상태 목사님은 암과의 싸움에서 승리할 수 있었던 중요한 요인 중 하나가 바로 긍정이 깃든 웃음이라고 믿으며, 현재 암을 이기는 사람들의 모임을 주관하면서 웃음의 힘을 전파하고 있다.

어떤 사람은 암세포가 활발하게 활동을 벌여 암으로 인해 처절하게 그 사람을 죽음으로 몰아가게 만든다. 어떤 사람에게서는 그 암 세포가 전혀 맥을 못 추고 죽은 듯이 숨어 있어 그 사람은 암인지도 모르고 건강하게 살다가 죽는다는 것이다.

암은 일종의 마음의 병에서부터 발생한다. 마음이 아프고 스트레스를 받기 시작하면 코티졸이나 아드레날린이라는 호르몬에 의해 암세포가 탄생하는 것이다. 이러한 암세포는 살판났다고 춤을 추듯 무럭무럭 잘 자란다는 것이다. 하지만 이러한 암세포도 항상 즐겁고 신나고 여유 있게, 또한 감사하는 마음으로 인해 생겨나는 엔도르핀이라는 호르몬에 의해 처절하게 파괴되어 버린다.

암에 걸리지 않고 건강하게 잘 지내려면 어떻게 살아야 하겠는가?

간단하다. 우선 먼저 마음을 편하게 하고, 즐거운 마음으로 생활에 임하는 자세를 잊지 않는 것이다.

마음을 다치게, 아프게 만들지 말며, 외부로부터 받은 스트레스를 긍정적인 마음으로 사고를 전환시키면 되는 것이다. 암세포가 숨을 영원히 못 쉬게 만들어야 한다는 것이다.

스트레스가 몸에 안 좋은 것은 유치원생들도 다 아는 사실이다. 신문이나 언론매체에서도 스트레스는 각종 질병을 유발하는 가장 기본적인 질병의 시작이라고 소개하고 있다. 우리는 각 종 성인병을 포함하여 암을 발생시키는 원인 중에 가장 큰 요소를 차지하고 있는 스트레스라는 것에 주목할 필요가 있다. 스트레스는 암의 발생뿐만 아니라 치료에 있어서도 여러 가지 측면으로 볼 때 나쁘게 작용한다는 사실을 실험 결과를 통해서도 알 수 있다.

암 환자에게 있어 스트레스는 항암주사의 효과를 떨어뜨린다는 실험을 한 사람은 이탈리아 우딘대학의 소니아 조르젯이다. 그는 쥐들에게 스트레스를 주어 암에 걸리게 한 다음, 항암주사의 효과를 확인하는 실험에서 스트레스는 항암주사의 효과까지도 무디게 만드는 결정적인 요인을 제공했다는 사실을 실험을 통해 찾아냈다.

소니아 조르젯 박사는 암에 걸린 쥐를 두 개의 그룹으로 나누어 치료를 했다.

A그룹은 암에 걸렸지만 쥐들이 거주하는 방에 조명도 편안하게 조절을 하는 등 여러 가지 조건을 쥐들이 생활하는 데 최적의 상태를 유지해 준 상태에서 항암주사를 맞히며 치료를 했다. 그러나 다른 B그룹은 조명도 너무 밝게 하거나 온도도 적절하지 못하며 매일 하루에 1시간씩 다리에 플라스틱판을 묶어서 지내

게 하면서 쥐에게 스트레스를 받게 만들어 놓은 상태에서 항암 주사를 맞히고 치료를 했다.

후에 이들 치료방법이 쥐들에게 어떠한 결과를 미쳤는지 조사를 했더니 A그룹의 경우, 즉 암에 걸렸지만 편한 상태에서 항암주사를 맞은 쥐들은 치료받지 않은 쥐들보다 더 오래 살거나 암이 없어지는 결과를 얻어 냈다. 반면 하루 1시간씩 다리에 플라스틱판을 묶고 최악의 상태를 유지하면서 스트레스를 준 쥐들은 치료를 하지 않고 방치해 둔 쥐들처럼 빨리 죽었다.

이 실험 결과에서 보는 바와 같이 스트레스는 비록 치료는 하고 있지만 면역체계를 무너뜨려 치료에는 아무런 도움을 주지 못하고 오히려 병을 더욱 악화시키는 결과만 가져온다는 것을 알아냈다.

반면 편하고 밝은 마음으로 치료받은 쥐들은 면역체계를 강하게 하고 치료에도 도움이 되어 빠른 치유로 이어지는 결과를 가져왔다는 것이다.

즉 암도 편하고 밝은 마음이 마음속에 자리 잡고 있다면 약물과 더불어 좋은 치료방법으로 어우러지면서 암도 물리칠 수 있다는 것이다.

이때 편하고 밝은 마음의 상태를 유지하기 위해서는 어떻게 해야 하는가?

바로 늘 바른 마음법을 잊지 않는 것이다.

첫째, 긍정적으로 생각하자.
둘째, 낙천적으로 바라보자.
셋째, 불평하지 않는다.
넷째, 늘 감사함을 잊지 않는다.

현명한 삶을 사는 7가지 방법

1. 늘 열심히 일하라.

2. 결코 화내지 말라.

3. 절대로 사람을 차별하지 말라.

4. 일이 어려울 때 관대하지 않으면 일이 쉬울때에도 관대해질 수 없다.

5. 어떤 일이든 되도록 느긋하게 생각하려고 애쓴다.

6. 자신감이 생기면 겸손하라. 사람은 장점뿐아니라 약점도 가지고 있다.

7. 싸움이 벌어지는 대부분의 원인이 오해 때문이라는 사실을 명심하라.

출처: 나의 성공습관(이경애)

'마음이 밝으면 어두운 방안에도 푸른 하늘이 있고,
생각이 어두우면 환한 햇빛 아래서도 도깨비가 나타난다.'
마음가짐을 어떻게 먹느냐에 따라 당신의 인생은
명품인생이 될 수도 있고 초라한 인생이 될 수 있다.
행복의 집도 불행의 집도 내 마음이 지은 것이다.
행복은 찾는 것이 아니라 스스로 발견하며
만들어 나가는 것이다.

chapter 4

긍정기술의 마음가짐

우리 세대의 가장 위대한 발견은,
사람은 자기 마음가짐을 고치기만 하면
자신의 인생까지도 고칠 수 있다는 것이다.

- 윌리엄 제임스

마음의 양면성

'만병의 근원은 마음속에서 생겨난다.'는 한국의 속담이 있다. 우리나라만의 가지고 있는 유독 강한 화병(火病), 즉 울화병을 조절하지 못하는 데서 생긴 말이기도 하다.

정신적 스트레스를 오랫동안 가슴에 쌓아 두는 것을 미덕으로 여기는 문화적 배경에 기인한 것도 사실이다.

평생직장이 무너지고 고용불안은 나날이 증가되고 있으며 경제전망 회복속도는 V자형이 아니라 L자형으로 나아가고 있어 화병으로 고생하는 사람들은 계속해서 증가되리라 생각한다.

칼이라는 도구가 있다. 칼이란 도구는 누구의 손에 쥐여지느냐에 따라 활용도가 다를 것이다. 만약 강도가 칼을 손에 쥐였다고 생각해 보자. 강도가 당신 앞에 나타났다고 상상해 볼 때 생각만 해도 끔찍할 것이다. 칼이 당신의 심장을 향해 무섭게

들이댄다고 할 때 칼은 무서운 도구로서의 역할을 할 것이다.

그러나 칼이라는 도구가 의사의 손에 쥐어졌다고 가정해 보자.

무서웠던 칼이 생명을 살리는 희망의 도구로 바뀌게 된다는 것을 알 수 있을 것이다. 칼날은 가슴속 악성 바이러스암세포를 제거하는 데 훌륭하게 쓰여 결국 죽음을 맞이하려는 암 환자들에게 희망을 주는 기계로서의 도구로 활용될 것이다.

이처럼 칼이라는 도구 앞에 "칼은 사람을 살리는 데 쓰이는 도구구나.", "칼은 생활하는 데 유익한 부분이 많다."고 긍정적으로 생각하면 뇌파는 베타 엔도르핀의 세계로 들어갈 수 있다. 그러나 똑같은 상황에서 칼이라는 도구 앞에 "칼은 사람을 죽일 수 있는 위험한 도구야.", "칼이 싫어."라고 생각하면 뇌파는 불쾌감과, 적대감, 공포와 같은 기분을 만들어 내어 자기 자신을 부정적인 사람으로 변화되어 가도록 만들어 갈 것이다.

뇌 속에는 프로오피오메라노코르틴(POMC)이라는 특수한 단백질이 들어 있다. 이 단백질은 인간이 사물을 긍정적이고 낙천적으로 생각할 때 부신피질 호르몬과 뇌 내 모르핀, 즉 베타 엔도르핀을 분비시킨다. 그때 뇌에서 나온 뇌 내 모르핀은 정신적인 스트레스를 감당하는 마음의 완화제로 쓰이고 부신피질 호르몬은 신체적인 스트레스를 감당하는 몸의 완화제로 쓰이게 된다.

이처럼 우리가 사물이나 생각을 긍정적으로 생각할 때 비로소 몸과 마음에 좋은 물질이 분비된다는 것이다. 그러나 긍정적인 발상으로 받아들이지 않으면 뇌가 뇌 내 모르핀과 부신피질 호르몬도 분비하지 않는다는 것을 알아야 한다.

똑같은 스트레스를 받았다고 가정하자.

"에이, 재수없어."
"되는 일이 하나도 없어."
"난 왜? 늘 이 모양일까?"

이렇게 부정적으로 사고하는 경우에는 신기하게도 베타 엔도르핀이나 부신피질 같은 호르몬은 분비되지 않고 아드레날린이나 코티졸 같은 독성물질 호르몬이 분비되어 이 호르몬들로 인해 인체에 더욱 치명적인 활성산소를 발생시키게 만든다.

하지만 스트레스를 다른 각도에서 생각해 보는 것은 어떨까?

"이것은 하나의 시련이야."
"나를 더욱 강하게 만들어 주는구나."
"마음을 수련할 수 있게끔 도와 주셔서 감사드립니다."
"고맙습니다."

같은 스트레스를 받았더라도 긍정적으로 받아들이면 뇌 속의 단백질인 POMC가 부신피질 호르몬(육체적인 스트레스를 완화시켜 주는 역할)과 베타 엔도르핀(정신적인 스트레스를 완화시켜 주는 역할)으로 분해되어 건강한 삶을 영위하는 데 많은 영양 비타민을 제공해 줄 것이다.

두 사람이 어둠의 감옥 속에서 똑같은 창살을 통해 밖을 내다보고 있다. 한 사람은 진흙탕을 바라보고, 다른 한 사람은 별을 바라보고 있다고 가정해 보자.

똑같이 어려운 상황에서 별을 바라보는 사람처럼 자신의 삶을 긍정적으로 바라보고 적극적으로 생각하며, 어둠이라는 부정적인 단어를 생각하지 않고 태양이라는 긍정적인 단어를 상상하려 하는 마음자세가 늘 필요하다.

자신의 삶을 어떻게 해석하고 바라보느냐에 따라 기분과 감정은 결정되는 것이다.

철학자이자 심리학자인 빅터 프랭클은 나치 강제 수용소에 갇혀 지내면서 삶의 확실한 목적과 의미를 갖고 있지 않은 사람은 수용소라는 극단적인 상황이 닥쳤을 때 삶을 계속 유지하는 것이 불가능하다는 점을 경험하고 깨달았다.

반면에 삶의 목적이 뚜렷한 사람들은 어떠한 상황하에서도 끝까지 살아남았다. 우리가 절망이라고 말할 때 그것의 의미는 바로 아무런 가능성도 없는 삶을 맹목적으로 살아가게 만들어

버린다.

삶이란 신바람 나게 콧노래를 부르며 달릴 수 있는 탄탄대로의 고속도로 길이 펼쳐져 있기도 하지만, 진흙길과 비포장도로와 언제 끝날지 모르는 어두운 터널을 통과해야 하는 지루하고 답답한 길이 펼쳐지기도 한다.

인생은 20%의 성공을 이루기 위해 80%의 절망과 좌절을 극복해 나가는 과정이라고 주장하는 학자가 있다. 어쩌면 인생이란 절망과 좌절을 극복해 나가는 연속적인 삶을 살아가는 동물일 수 있다. 하지만 아무리 장애물이 앞에 놓일지라도 그 장애물을 어떻게 해석하느냐에 따라 성공적인 인생이 될 수도 있고 패배하는 인생이 될 수도 있다는 것이다. 환경을 변화시키려 발버둥치지 말고 자신의 마음속을 변화시키는 데 에너지를 만들어 보는 것은 어떨까?

삼성서울병원 심혈관센터 이원로 교수팀이 고혈압 환자 360명을 대상으로 각각 2개월간 총 4개월 동안 평균 혈압을 비교 분석한 결과, 수축기 혈압은 3.4mmHg, 이완기 혈압은 4.2mmHg까지 상승한다는 점을 발견했다.

연구팀은 꾸준히 혈압 치료를 받고 있는 환자군에서 남녀노소 구분 없이 혈압이 상승하는 현상이 나타난 것은 IMF로 인한

스트레스가 전체 국민의 건강에 악영향을 미치고 있다는 증거
라며 자신이 처한 상황을 객관화하고 모든 일에 긍정적이고 적
극적인 자세로 임하는 것이 스트레스를 극복하는 데 도움이 될
것이라고 덧붙였다.

그리고 미국의 노만 빈센트 필 박사는 "적극적인 사고방식을
가진 사람은 건강하고 장수하는 데 반해, 소극적인 사고방식을
가진 사람은 병들기 쉽고 단명하며 인생을 비극으로 끝내기 일
쑤이다."라고 말했다.

결국 육체적인 건강도 정신적인 건강도 자신의 마음을 어떻
게 바꾸고 생활태도를 어떻게 바꾸느냐에 따라 인생이 달라진다
는 것이다.

연세가 많이 든 고령의 아버지를 둔 여인이 있었다. 그런데 그
녀의 부친이 어느 날 뉴욕의 맨해튼 거리를 횡단하다가 택시에
치어 사망했다.

그때 그 노인의 나이는 87세, 병원에 옮겨진 노인은 비록 이미
사망했지만 의사로 하여금 부검을 하게 했다. 검사를 담당했던
의사는 깜짝 놀라며 노인의 딸에게 이런 말을 했다.

"당신의 아버지는 시체를 해부해 본 결과 질병투성이였습니
다. 보통사람 같으면 교통사고가 아니더라도 몸 안에 있는 병으
로 20년은 더 일찍 죽을 환자였습니다. 그런데 당신의 말에 의하

면 자동차 사고를 당한 그날 아침까지 정정하고 건강하셨다니 참으로 믿어지지가 않는군요."

"아버지께서 많은 병을 갖고 계시다니 정말 놀라운 일이군요. 아버지께서는 한번도 아프다는 말을 하신 적이 없었어요. 아버님은 아침마다 일찍 일어나서 기분 좋게 산보하셨으며 젊은이 못지않게 무슨 일이건 즐겁게 하셨습니다."

딸의 말이었다. 그렇다. 인간의 "건강은 마음먹기에 따라 달라진다."라는 동양의 일체유심조론, 서양의 인지행동기법론과 일맥상통하는 것이었다.

보스턴 대학 의학부의 정신의학 부장인 샌포드 코휀 박사도 '희망과 신념'이야말로 모든 병을 치유하는 결정적 요인이라고 단언했다. 위의 교통사고를 당한 노인의 경우도 마찬가지다.

비록 몸 안에는 고령에서 오는 각종 질병이 도사리고 있었지만, 희망찬 인생을 살겠다는 적극적인 사고방식과 긍정적으로 행동하는 자세, 늘 불평하지 않고 감사하는 마음을 가지고 생활에 임했던 굳은 신념 때문에 몸 안의 병은 아무런 지장을 주지 않았던 것이었다.

환자의 경우도 마찬가지다. 자기의 병을 정복하고 어떤 일이 있어도 회복하고야 말겠다는 굳은 신념을 가진 환자는 머지않아 건강이 빨리 쾌유되어 퇴원할 것이다.

그러나 자신의 질병을 두려워하고 회복될 가능성에 항상 회의를 품고 늘 부정적으로 확대 해석하려는 환자는 거의 영안실로 직행했다. 그것뿐인가? 의사의 말 한마디에 환자의 생명이 좌우되는 경우가 비일비재하다.

다 죽어 가는 환자도 머지않아 완쾌될 것이라는 의사의 격려에 자신을 얻어 건강을 완전히 회복한 사람이 있는가 하면, 별로 큰 병이 아닌데도 심각한 병인 것처럼 설명을 한 의사의 말 때문에 실망한 나머지 황천길로 직행한 사람이 한 둘이 아니다.

필자는 운동프로그램 중에 허공에서 발차기를 요하는 기술인 '특수발차기' 수업을 지향하는 스타일이다.

허공에서 수련생들이 다양한 동작을 통해 움직이다 보면 부상이 수반되는 기술로서 멋있으면서도 한편으론 위험성이 함께 뒤따르는 양면성을 가지고 있는 수련 기술이다.

어느 날 한 수련생이 운동 시작 전, 쉬는 시간에 장난을 치다 팔꿈치가 골절되는 부상을 당하고 말았다. 곧 바로 병원에 가서 치료를 받았는데 전치 12주라는 큰 부상의 결과를 받았다.

이 수련생은 몇 달 후면 국기원이라는 승단심사장에 갈 예정이었던 수련생이었는데 팔꿈치 골절이라는 부상으로 인해 몇 달간 운동을 하지 못하는 상황에 처하게 되었다.

필자는 수련생에게 이렇게 말했다.

"팔꿈치 부상으로 앞으로 운동을 할 수 없을 거야. 몇 달간 가정에서 편하게 쉬면서 물리치료에만 전념하자."

그러나 부상당한 수련생이 걱정 어린 표정을 지으며 이렇게 물어봤다.

"사부님, 그러면 저 국기원 심사 어떻게 되는 거예요."

"응, 그거야 당연히 못 가지."

"안 돼, 나보다 늦게 입관한 친구가 먼저 국기원에 가는 꼴을 볼 수 없어."

부상당한 수련생은 자신이 경솔한 행동으로 인해 부상당하게 된 것을 크게 후회하며 반성했다.

"어쩔 수 없다. 완쾌 후에 바로 다음 국기원 심사에 보내 주도록 도와줄게. 걱정하지 말아라."

"사부님, 그러면 정확히 언제쯤 국기원에 갈 수 있는 거예요."

"그거야 너의 부상된 부위가 얼마나 빠르게 회복되느냐에 따라 승단심사 날짜가 결정되겠지?"

그러자 부상당한 수련생이 이렇게 말했다.

"사부님. 저, 내일부터 운동하겠습니다. 국기원 심사에 예정대로 갈 수 있게 해 주세요."

반드시 국기원에 가겠다는 수련생의 눈빛과 불굴의 정신 앞에서 팔꿈치 부상이라는 고통도 수련생의 의지를 꺾지는 못했다.

필자는 곰곰이 생각했다.

"앞으로 국기원 심사 날까지는 3개월이 남았다. 지금 그 학생이 전치 12주의 결과가 나왔으니 회복될 즈음이면 국기원에 바로 가는 것이야. 하지만 부상당한 부위가 완전히 회복된 단계가 아니기 때문에 문제야. 혹시나 겨루기를 하다 부상당한 부위에 공격당하면 더 큰 문제가 발생할 수 있어."

필자는 수련생의 부상부위를 생각해 가며 앞으로의 상황을 곰곰이 전략적으로 계산해 나가기 시작했다.

그러나 필자의 생각은 점점 부정적인 방향으로 전개되어 가고 있다는 것을 느꼈다.

생각을 부정적인 관점으로 바라보기 시작하니까 결과도 부정적으로 도출되어 가는 것 같았다.

하지만 국기원에 가고 싶어 하는 부상당한 수련생의 강렬한 의지를 꺾고 싶진 않았다. 평상시 "실패했다고 해서 다 끝난 것이 아니다. 끝났다고 포기했기 때문에 실패한 것이다."라고 수련생들에게 강조했었는데 막상 실제의 상황으로 직면해 버린 것이다.

필자는 수련생에게 말했다.

"그래, 국기원에 가자. 왼팔이 없다고 국기원에 못 가랴? 몸은 많이 불편할지 몰라도 너의 의지력은 더욱 강하게 훈련될 거다.

내일부터 평상시처럼 운동하자."

이 수련생은 팔에 통깁스를 한 상태에서 아무 일 없었다는 듯이 다른 수련생들과 똑같이 운동해 나갔다. 팔로 운동할 수 없는 부분만 제외하고 다른 학생들과 똑같이 가르쳤다. 그것이 이 수련생을 위한 것이었고 부상당했어도 끝까지 믿고 보내 주신 부모님에 대한 최소한의 예의라 생각했기 때문이다.

단순히 넘어지고 쓰러지는 것이 문제가 아니라 넘어지면서 무엇을 배웠느냐, 쓰러진 후에 무엇을 느끼고 일어섰느냐가 중요하지 않을까?

이 수련생은 다른 수련생들이 경험하지 못한 부분을 많이 배우고 일어섰다.

가장 중요한 '자신감'이라는 신념을 얻은 것이다. "팔이 없어도 운동할 수 있을까?"라는 부정적인 신념을 "나도 할 수 있구나, 별거 아니네."라는 긍정적인 신념으로 바꾸어 버리는 결과를 만든 것이다.

이처럼 마음가짐을 어떠한 관점으로 바라보고 행동하느냐에 따라 행복한 삶을 영위할 수도 혹은 불행한 삶으로 이어질 수 있다는 것이다. '일곱 번 쓰러져도 여덟 번째 일어서고야 말겠다는 패기의 정신'이 깃들어진 정신으로 살아간다면 분명 하고자 하는 일들이 솔솔 원하는 방향으로 잘 풀려 나갈 것이다. 그러나 '난 안 돼.'라는 자포자기(自暴自棄)라는 정신이 강하게 짜여 있다면 원하는 방향과는 점점 멀어지게 될 것이다.

　어떠한 관점으로 바라보고 생각했느냐에 따라 결과는 천차만별 다르게 만들어진다는 사실을 위에 있는 여러 사례들을 통해서도 알 수 있듯이 우리에게 시사하는 바가 크다.

시련도 고통도 감사해하자

'감사'는 마법과도 같은 힘을 발휘하는 것 같다.

감사하면 감탄으로 이어지고 감탄하게 되면 결국 감동으로까지 이어지기 때문이다.

역지사지(易地思之)라는 말이 있다. 생각하고 행동하기에 앞서 다른 사람의 입장에 서서 바라보게 된다면 어떠한 어려운 문제도 화해의 웃음으로 바뀌게 된다는 사실을 경험하게 될 것이다.

먼저 건강하고 행복한 삶으로 이어지게 만드는 언어비타민을 가지고 생활하는 사람으로 '제2의 삶'을 살아가 보는 것은 어떨까? 꼭 직업적으로 '제2의 삶'을 위한 관점으로만 바라보지 말자. 지금 사용하고 있는 언어습관도 제2의 행복한 삶을 위해 변신해 보자. 남에게 행복을 많이 선사해 줄 수 있는 비타민을 섭취시켜 주자. 다른 사람들에게 '감사합니다.'라는 웃음기 있는 표정을 많이 만들어 주자는 것이다.

주위를 보면 사업으로 인해 혹은 뜻하지 않은 결과로 실의에 빠져 있는 사람들이 의외로 많다. 극심한 불황 속에 점점 웃음을 잃어가고, 자기 자신을 비하하며, 하루하루 좌절의 굴레 앞에서 서성이는 사람들이 점점 늘어가고 있는 것 같다.

당신을 힘들게 하고 있는 고통과 좌절, 슬픔, 패배감이라는 감정을 "나를 더욱 강하게 만들어 주는 보약"이라는 의식으로 바꿔 보자. 그렇게 되면 당신의 어깨를 짓누르고 있는 승모근의 근력 힘은 점점 힘을 잃게 되어 육체적 건강을 되찾을 수 있을 것이다. 또한 그뿐이겠는가? 의식의 전환을 통해 감사하는 마음이 생겨 얼굴에는 가벼운 웃음이 번지게 될 것이다. 웃음 짓는 표정은 다른 이들에게 행복의 바이러스를 전파시켜 찡그리며 세상을 바라보는 관점들을 영원히 사라지게 만들어 줄 것이다.

요즘 미디어에 자주 출연하고 계시는 의학박사님들은 하나같이 이런 말씀들을 하신다.

"여러분, 늘 감사함의 마음을 잊지 마십시오. 감사함의 마음
은 여러 암들을 치료할 수 있는 최고의 면역학입니다."

감사함의 마음은 건강하게 만들어 주는 원동력의 밑바탕이다. 또한 각종 바이러스의 침투를 방어해 주는 훌륭한 시스템이

기도 하다.

감사함의 마음가짐으로 생활에 임한다면 시련과 고통이라는 부정적 단어들은 영원히 당신 곁에서 떠나갈 것이다. 잠재의식 속 빈자리에 희망과 기쁨이라는 단어들이 자리매김하게 될 것이다.

사람을 미워하게 할 수 없는 감사의 마음을 훈련해 보자.

첫째, 거북이처럼 서서히 고쳐 나가도록 하자.

정신을 지배하고 있는 부정적 사고를 서서히 고쳐 나가는 것이 좋다. 마음의 영혼을 맑게 해 주는 책이나 언어들을 자주 접해 나가 사고의 전환이 이루어질 수 있도록 훈련해 나간다.

둘째, 구체적으로 한다.

거울 앞에서 긍정적으로 생활해야겠다는 마음가짐으로 웃음 짓는 표정으로 매일 이미지 메이킹을 실시한다. 거울을 보며 즐거운 일들을 상상하는 훈련을 통해 잠들어 있는 긍정의 신념들을 깨워야 한다.

부정의 상황 자체를 만들지 말자.

부정이라는 단어는 어느 정도 마음속에 자리매김하고 있으면 악성 바이러스를 한번 시험해 보고 싶어 하는 욕심이 생기는 속성을 가지고 있다. 이러한 유혹을 쉽게 만들어 주는 상황이나 분위기는 아예 피하는 것이 상책이다. 예를 들어 금주를 계획한 사람이라면 술자리 모임에 참석하지 않는 것처럼 부정의 단어들을 일삼아 스트레스를 해소하려는 모임이나 행사에 참여하지 않는 것이 최선의 방법이다. 혹시나 "나는 욕을 일삼는 곳에 참여해 나의 정신적 인내력을 테스트해 볼까?"라는 생각으로 자신의 정신력을 테스트할 수도 있다. 그러나 이러한 악영향을 끼치게 만드는 상황들은 경험을 통해서도 알 수 있듯 실패로 돌아가게 만드는 경우가 대부분이다.

필자는 일주일에 한 번 동창모임이 있는데 부득이한 일이 없는 한 늘 참석하고 있다. 동창모임이라기보다는 마음이 맞는 친구들과 함께 정다운 시간을 보내는 소모임이라고 받아들이는 것이 맞다.

소모임에 참석하는 동창생들은 하나같이 공통점이 있는데 담배를 피우지 않는다는 것이다. 처음부터 담배를 피우지 않았던 것은 아니다. 건축일을 하며 기술고시를 준비하는 친구들에게 줄담배는 최고의 스트레스 해소법이며 탈출구였다.

어느 날, 특별한 계기 없이 우리는 금연을 하기로 마음먹었다. 처음에는 엄청 힘들어했던 것이 사실이다. 그렇다고 동창들 대부분이 독한 성격의 소유자라고는 생각하지 않는다. 다들 마음이 여리고 착한 친구들이다.

우리는 금연하기 위한 구체적인 설계도를 그려 나갔다. 첫째로 당구장을 선택할 시 가격보다는 비싸더라도 환기가 잘 통하는 곳을 찾아다녔다. 둘째, 호프집에 갈 때는 대학생들이나 청소년들이 출입할 만한 장소보다는 조용하고 분위기가 아늑한 곳을 기준으로 삼았다. 담배라는 연막탄 흡입을 최소화하기 위한 우리들만의 전략이라고나 할까……

모임에 있는 친구들의 서로를 존중하고 배려하는 마음으로 인해 결국 모두가 금연에 성공할 수 있었다.

'천릿길도 한 걸음부터'라는 말이 있다. 무엇이든지 포기하지 않고 계속하다 보면 결국 종착역에 도착한다는 뜻이다. 사람이 태어날 때 처음부터 긍정적인 사람, 부정적인 사람으로 나뉘어 태어나지 않았다. 후천적인 조건반사라는 악습에 의해 시련과 고통이라는 단어들이 만들어지지 않았나 싶다. 사람들에 의해 만들어진 것은 결국 사람들에 의해 치유할 수 있다는 것을 강조하고 싶다. '원인이 있으면 결과가 있는 법'이라는 말이 있듯이 잘못된 후천적 조건반사는 얼마든지 올바른 후천적 조건반사로 탈바꿈할 수 있다는 것이다.

시련과 고통, 좌절, 패배감, 슬픔 등 우리를 힘들게 하는 후천적인 조건반사들의 단어들을 감사라는 행복과 기쁨이 깃들어 있는 조건반사들을 이용해 재가공해 보도록 하는 노력이 절실히 필요하다.

긍정의 쇠사슬을 만들자

습관은 제2의 천성이라고 했다. '세 살 버릇 여든까지 간다.'라는 우리 속담에서도 알 수 있듯이 오랜 세월 동안 굳어진 습관은 천성보다도 강한 면을 갖고 있어서 습관을 교정하기까지는 인고의 노력이 필요하다.

만약 긍정적으로 짜인 강력한 습관이라는 쇠사슬이 몸에 묶여져 있다면 당신은 하고자 하는 일에 보람을 느끼게 될 것이고 성취감을 맛보게 될 것이다.

습관이란 일종의 조건반사이다. 부메랑으로 예를 들어보자.

부메랑 손잡이에 희망과 긍정이라는 신념을 튼튼한 밧줄로 묶은 후 하늘 높이 던진다면 어떻게 되겠는가? 분명 희망과 긍정이라는 부메랑이 당신을 향해 힘차게 되돌아올 것이다. 반면 부메랑 손잡이에 부정과 스트레스를 부르는 신념을 튼튼한 밧줄로 묶어 던져 보도록 하자. 어떻게 되겠는가? 분명 긍정의 부메랑과 같이 당신을 향해 힘차게 되돌아올 것이다. 물론 부메랑은 당신을 죽음의 무덤으로 인도해 줄 독화살로 변해서 말이다. 똑같은 부메랑이라도 어떠한 생각과 관점으로 바라보느냐에 따라 성취감을 느낄 수도 있고 아니면 당신을 죽음의 울타리로 안내해 결국 피해의식을 느끼게 만들 수도 있다는 것이다.

유명한 사회학자 클레이멘스톤은 똑같은 환경에서 똑같은 기간을 교육받고 성장해 온 사람들이 사회에서 각각 다른 지위와 부를 얻고 다른 차원의 삶을 살아가게 되는 궁극적 이유가 과연 무엇인가라는 의문에 대해 연구한 결과 하나의 모델을 발견해 냈다.

생각이 바뀌면 습관이 바뀌고, 습관이 바뀌면 행동이 바뀌고, 행동이 바뀌면 운명이 바뀐다는 과정을 도출해 낸 것이다. 그의 연구에 의하면 인간의 모든 행동은 결국 생각에서 시작되며 다양한 인간 행동들의 특성 중 자기 자신만의 독특한 방식으로 고착화된 것을 습관이라 한다. 사람들은 누구나가 매일 습관이라는 밧줄을 짜게 되는데 그 밧줄을 어떻게 짜느냐에 따라서 사회적 지위나 신분과 운명이 결정된다는 것이다.

클레이멘스톤의 연구결과나 원효사상의 '일체유심조론' 등은 결국 생각을 어떠한 관점으로 바라보고 해석하느냐에 따라서 달라질 수 있다는 것이다.

자신의 마음에 강한 암시를 줄 수 있는 메시지를 큰 소리로 외친다든지 중얼거리며 외운다든지 하여 지속적으로 반복하면 뇌세포가 이를 자기도 모르는 사이에 인식하여 받아들이게 되고 변화가 일어나게 된다는 것이다.

"너, 참 열심히 운동하는 수련생이구나."

"열심히 노력하는 모습이 대견스럽다."

"동생들을 위해 솔선수범하는 너의 모습을 보면 사부님은 마음이 흐뭇해."

이러한 긍정적이고 강력한 메시지라면 이 수련생은 무의식중에 자기암시가 되어 긍정적이고 적극적인 행동변화를 일으킬 수 있다는 것이다.

뇌에서 '긍정적이고 적극적이다'라는 확신과 자신감을 입력시키고 그 입력된 메시지가 행동으로 분출되는 과정을 운동생리학적으로 분석해 보자.

긍정적이고 적극적인 행동은 몸의 긴장을 완화시켜 준다. 그러면 뇌파는 알파파로 충만해질 것이다. 충만해진 뇌파는 곧 다량의 뇌 내 모르핀을 분비시킬 것이다. 분비된 뇌 내 모르핀은 A10신경(쾌감을 느끼게 하는 신경)의 중추를 자극시켜 짜릿한

쾌감을 느끼게 만들어 결국 사람을 기분 좋게 하는 의욕중추를 자극시키게 만든다.

인생을 긍정적이고 적극적이고 낙천적으로 생각하며 생활해 나가기 시작하면 쾌감중추인 A10신경을 자극하는 조건반사가 습관화되어 간다. 예를 들어 외부에서 스트레스를 받았을 때, "긍정의 마음으로 감사합니다. 저를 더욱 강하게 만들어 주셔서 고맙습니다." 등처럼 말이다.

습관의 절친한 친구인 조건반사는 훈련을 통해 얼마든지 자신이 원하는 방향으로 조절할 수 있다. 긍정적인 마음가짐으로 세상을 바라본다면 조건반사는 긍정과 행복의 방향으로 교정될 것이다.

지금부터 조건반사를 통해 행동이 교정된 사례를 들어보도록 하겠다.

미국의 심리학 박사 왓슨은 앨버트라는 소년에게 실험을 했다. 앨버트는 본래 흰 토끼를 매우 좋아했는데 그가 흰 토끼에게 가까이 다가갈 때마다 뒤에서 징을 울려 댔다. 이런 일을 몇 번이고 계속하자 앨버트는 마침내 토끼에게 공포감을 품게 됐다.

그런 다음 흰토끼를 흰쥐로 바꿔 앨버트에게 같은 실험을 했다. 그러자 앨버트는 흰쥐에게도 공포감을 품게 됐다. 이번에는 흰쥐를 흰토끼털로 바꿔 앨버트에게 같은 실험을 했다. 그러자 앨버트는 흰토끼털에도 공포감을 품게 됐다. 여자가 흰 모피를 두르고 길을 걷는 것만 봐도 두려워하면서 스트레스를 크게 받았다. 그래서 정말 유감스럽게도 앨버트에게는 나쁜 후천적인 조건반사가 정착되고 말았다.

한편 피터라는 소년은 처음부터 흰쥐에게 공포감을 품고 있었다. 그래서 피터에게는 다른 조건반사를 시험해 보았다. 피터에게 흰쥐를 보여 주자 두려워서 달아나려 했는데 알사탕을 주며 머무르게 했다. 이 실험을 몇 번이고 되풀이하는 동안에 피터는 흰쥐를 보고도 달아나려 하지 않게 되었다.

또 피터에게 알사탕을 주면서 친구들이 흰쥐를 귀여워하는 상황을 되풀이해서 보여 주었다. 그러자 피터는 어느 새 흰쥐를 귀여워하게 되었다. 이쯤 되어 피터에게는 더 이상 알사탕이 필요 없게 되었다. 피터는 흰쥐를 귀여워하는 소년으로 돌변해 있었기 때문이다.

필자의 수련생이 조건반사를 통해 행동이 교정된 사례를 말해 보고자 한다. 필자의 태권도장 입구는 늘 어둠침침해서 처음 방문하는 사람들에게 거부감을 줄 수 있는 건물구조로 이루어져 있다. 유치원생 및 초등학생들을 대상으로 하는 교육업종으로는 좋지 않은 구조였던 것이었다. 건물구조는 일반 학원업종 기준으로 설계된 것이 아닌 장애인을 기준으로 설계된 구조였기 때문에 필자가 도장을 운영하는 데 있어 계속 크고 작은 어려움에 봉착하고 있다.

어느 날, 한 학부모님이 찾아오셔서 이렇게 말씀하셨다.

"사부님, 우리 애가 지금 못 올라오고 있어요."

"지금 1층에서 울어요."

"아니, 무슨 일이 있으셨는지……"

"예, 우리 애가 엘리베이터를 타려는 순간 갑자기 엘리베이터 천장의 형광등 빛이 꺼져 버린 거예요."

"애가 너무 무서워서 바로 집으로 달려왔어요. 어떡하죠?"

초등학생도 아닌 유치원생인데, 엘리베이터에서 일어난 불미스러운 일로 많은 상처를 받지 않았을까 필자는 내심 걱정을 많이 했다.

필자는 이 어린 수련생이 엘리베이터라는 기계로부터 받게 된 공포감과 두려움을 끊어 주기 위해 조건반사의 행동으로 접근해 나갔다.

먼저 필자는 엘리베이터 안에 이 어린 수련생이 좋아하는 멋진 그림들을 붙여 놓았다. 처음엔 이 수련생이 엘리베이터 문이

열리자 두려워서 달아나려 했는데 이 수련생이 하고 싶은 게임 프로그램을 제시하며 엘리베이터 안에 머무르게 했다. 다음 날에도 이 수련생이 좋아하는 그림들을 붙여 놓은 후 이 수련생이 좋아하는 게임 프로그램을 제시하며 머무르게 만들었다. 이 방법을 몇 번이고 반복한 끝에 이젠 필자가 없어도 이 수련생은 엘리베이터라는 기계에 더 이상 공포감이나 두려움 같은 거부반응을 갖지 않게 되었다.

이것은 조건반사와 행동주의 심리학을 조합한 치료법의 실례이다. 이 요법의 핵심은 사람의 성격이나 버릇처럼 선천적인 요인이라고 생각되는 것도 어떤 조건을 되풀이해서 부여하면 바뀔 수 있다는 생각에 근거를 둔다.

조건반사를 설명할 때는 노벨의학상을 수상한 소련의 생리학자 파블로프의 실험이 자주 인용된다. 파블로프는 개에게 고기를 주면 침이 나오는 점에 주목해 고기를 주기 전에 반드시 종소리를 들려주었다. 그랬더니 고기를 주지 않고 종소리만 들려 줘도 개가 침을 흘리는 것이었다. 파블로프의 실험에서는 고기를 주면 침이 나오는 게 무조건 반사(선천성 반사)이고 종소리를 들려주면 침이 나오는 것이 조건반사(후천성 반사)이다.

후천성 조건반사는 우리의 일상생활에서 수없이 찾아볼 수 있다. 예를 들어 교차점에서 적신호를 보면 많은 사람들이 무의식적으로 멈춰서거나 전화벨이 울리면 아무런 생각 없이 수화기를 집어 들거나 더 빠른 지름길이 있는데도 불구하고 무의식적으로 날마다 다니던 길로 차를 몰고 가는 것 등은 무의식적인 습관 속에서 나오는 것이다.

성인병을 유발하는 각종 질병 및 잘못된 생활습관 등은 이러한 후천적인 조건반사와 습관의 사슬들이 강하게 엮여 굳어진 결과의 산물이라 할 수 있다.

한 여자가 남편을 따라 캘리포니아 주 모하비 사막에 있는 육군 훈련소 근처에서 살게 되었다. 얼마 후, 그녀는 친정아버지에게 한 통의 편지를 썼다.

"이곳에서 산다는 건 정말 비참하기 짝이 없는 일이에요. 섭씨 46도를 오르내리는 살인적인 더위는 선인장 그늘에 있어도 식지 않고, 영어로는 의사소통이 되지 않아요. 게다가 음식은 물론이고 숨 쉬는 공기에도 모래가 섞여 있을 정도예요. 여기선 도저히 살 수 없어요. 이런 곳에서 사느니 차라리 교도소가 나을 것 같아요."

이에 대한 아버지의 답장은 불과 두 줄이었다.

"교도소에서 두 사나이가 창밖을 보았단다. 한 사람은 창살을 보고 또 한 사람은 별을 보았지. 너는 지금 무엇을 보고 있느냐?"

지금 무엇을 보고 있느냐? 창살을 바라보고 있느냐 아니면 별을 바라보고 있느냐 하는 것은 자신의 마음가짐에 달려 있다.

긍정적인 사고방식으로 바라보는 자세를 잊지 않는다면 긍정이라는 습관의 쇠사슬은 당신의 몸을 힘차게 감싸 준다는 사실! 꼭 기억하길 바란다.

긍정의 마음가짐=인생성공

인생은 큰 가게와 같다. 큰 가게에는 오른쪽과 왼쪽에 각각의 카운트가 설치되어 있다. 오른쪽 카운트 앞에는 당신을 행복하게 하는 기쁨의 제품이 전시되어 있고 왼쪽의 카운트 앞에는 당신을 불행으로 인도하게끔 안내해 주는 제품이 전시되어 있다고 하자. 당신은 어느 쪽으로 제품을 보러 갈 것인가?

한 사람은 장애물을 보면 '나를 도와주게끔 안내해 주는 고마운 친구'라는 마음으로 생활에 임하며 미소를 지을 것이고 반면 다른 한 사람은 장애물을 보면 '에이, 재수없어.' 하며 절망의 늪이라는 속성을 생각하며 근심어린 표정을 지을 것이다.

한 사람은 집채만 한 파도가 밀려오면 능숙한 사공이 되라는 절호의 찬스라고 생각하고, 다른 사람은 집채만 한 파도가 밀려오면 재수가 없다고 한탄을 할 것이다. 한 사람은 위기가 닥치면 절망이라는 부정적 조건반사를 강하게 만들기 위해 열심히 연구에 몰입할 것이고, 다른 사람은 위기가 닥치게 되면 ‘위대한 기회’라고 생각하며 도약하기 위해 열심히 분발할 것이다. 당신은 지금 어떻게 생각하고 있는가?

한 소년이 골목길에서 놀다가 갑자기 돌이 날아와 소년의 눈을 때렸다. 친구가 돌을 던졌는데 그것이 그만 한쪽 눈에 명중한 것이다.

소년은 눈을 잡고 쓰러졌고 손가락 사이로 피가 흘러 나왔다. 소년의 부모가 달려와 급히 병원으로 데리고 갔다.

“크게 다쳤군요. 나머지 한 쪽도 못쓰게 되어 앞으로 볼 수 없게 될 것입니다.”

의사는 고개를 저으며 말했다.

순간 부모는 비통한 표정으로 슬픔에 잠기기 시작했다.

그때 소년은 이렇게 말했다.

“엄마, 아빠! 눈은 비록 잃었으나 머리는 남아 있어요.”

이 사건으로 인해 이 소년은 평생을 시각 장애자로 살아야 했지만 소년은 긍정적인 마음으로 현실을 받아들였다.

바로 이 소년이 앞을 보지 못했지만 영국의 위대한 경제학자요, 케임브리지대 교수요, 국무위원을 지낸 헨리 포세트다.

운명을 만드는 것은 환경이나 사건이 아니라, 그 환경이나 사건이 나에게 무엇을 의미하는지에 대한 자신의 믿음이라 할 수 있다.

최후의 성공하는 기업이나 사업가는 처해 있는 그 환경에 순응하며 긍정적인 마음가짐으로 적응하는 사람들이다. 즉 운명이나 성공에 대한 열망은 현재 처해 있는 사건을 어떻게 해석하는가에 달려 있을 것이다. 그것이 오늘과 내일의 자신을 만드는 원동력이다.

두 사람이 베트남에서 격추당해 악명 높은 호아로 수용소에 갇히게 되었다. 격리 수용된 그들은 사슬에 묶인 채 정보를 대라고 고문당했다. 두 사람은 같은 학대를 당했지만 자신의 경험에 대해 상반된 믿음을 갖게 되었다.

한 사람은 이제 자신의 인생은 끝났고 더 고통을 당하기 전에 자살하는 편이 낫다고 생각했다. 그러나 또 한 사람은 이런 끔찍한 사건을 어떻게든 알려서 누구도 이러한 고통을 겪게 해서는 안 된다는 다짐을 하였다.

그 후 시간이 지나 두 사람은 다시 미국으로 돌아가게 되었다. 비관적이고 절망적이었던 사람은 알코올 중독과 마약 중독에 빠져 자살기도도 여러 차례 했으며, 결국 그는 술집에서 계산대 직원을 살해한 혐의로 종신형을 선고받고 복역하는 운명에 처하게 되었다.

영화와 권력과 부를 한 손에 장악했던 나폴레옹은 세인트헬레나에서 이렇게 말했다.

"나는 내 인생의 행복했던 엿새를 알지 못한다."

그러나 듣지도 말하지도 못했던 헬렌 켈러는 이렇게 말했다.

"나는 삶이 너무도 아름답다는 것을 깨달았다."

태어나면서 팔, 다리가 없는 희귀병인 사지 절단증에 걸린 오토다케 히로타다는 자신이 살아온 이야기를 솔직하고 위트 있게 써 내려가 베스트셀러가 된 『오체불만족』이라는 책에서 이렇게 말했다.

"장애가 있긴 하지만 나는 인생이 즐거워요."

신체적 장애가 있더라도 그것은 장애가 아니다. 다른 사람들보다 신체적 활동 가동범위가 좀 불편한 것뿐이다. 중요한 것은 정신적 장애에 있다는 것이다.

부정적이고 비관적으로 자리 잡고 있는 정신은 결국 자신을 타락으로 몰고 가기 때문이다.

올림픽 남자체조 금메달을 꿈꾸던 18살 한국 소년이 있었다. 어린 나이에 미국으로 건너간 소년은 미국 올림픽 체조 상비군 대표선수로 뽑혔지만 한국선수로 출전하려고 미국 시민권도 받지 않았다. 가슴에 빛나는 태극마크를 달고 금메달을 목에 걸 꿈이 있었기에 소년은 힘든 훈련도 마다하지 않고 참고 견뎠다.

　그러나 올림픽을 며칠 앞둔 어느 날, 체조 연습장에서 멋지게 공중제비를 돌며 착지하는 순간, 소년의 꿈은 그만 산산조각이 나는 사건이 일어나고 말았다. 목이 꺾이는 큰 사고를 당하고만 것이었다. 바로 병원으로 옮겨진 소년은 목숨은 건졌지만, 전신마비의 장애인이 되고 말았다. 순간의 실수가 소년의 인생을 뒤바꿔 놓았던 것이었다. 소년은 깊은 절망에 빠졌다. 침대에 누워 있는 자기 모습에 너무도 화가 났다. 순간, 소년은 자신을 위해 고생하시는 부모님의 모습이 갑자기 떠올랐다. "그래 올림픽 금메달의 꿈은 사라졌지만, 또 다른 인생의 금메달을 찾아 다시 살아 보는 거야."라는 긍정의 마음가짐으로 생활에 임하기 시작했다.

　인생의 또 다른 희망을 찾던 그는 자신을 치료하던 퉁명스럽고 불친절한 의사들을 보며, 스스로 친절하고 성냥한 의사가 되기로 결심했다.

　불편한 몸을 이끌고 밤낮으로 공부에 매달린 끝에 그는 결국 세계 최고의 병원으로 꼽히는 미국의 존스 홉킨스 병원의 재활의학과 의사가 되었다. 지금은 사람들이 그를 '슈퍼맨 닥터 리'라 부르고 있다.

　이 소설 같은 이야기는 미국에서 단 두 명뿐인 사지지체장애인 의사 중 한 명인 대한민국의 이승복 이야기다.

"몸이 아프다고 외모가 못났다고 마음의 문을 닫고 혼자 숨
지 마시기 바랍니다. 사람의 인생을 실패로 만드는 것은 몸의
장애가 아니라 마음의 장애이기 때문입니다."

—이승복

성공적인 인생을 위해서는 세상과 공유하고 베풀고 나눠 주
어야 하겠다는 긍정적인 마음가짐이 필요하다. 나눔에 있어 많
고 적음은 중요하지 않다. 그 사람의 가슴속에서 나오는 진심이
담겨 있는 정성이 중요한 것이다. 적게 가지고 있어서 남을 도와
주지 못하는 것이 아니라 도와주려는 마음이 부족하기 때문에
남을 도와주지 못하는 것이다.

필자가 수련생들에게 늘 강조하는 말이 있다.

"늘 긍정적인 마음가짐으로 많이 베풀어라. 꼭 먹는 음식으
로 이루어진 것만 베푸는 것이 아니다. 자신이 가지고 있는 운동
기술들을 후배들에게 많이 베푸는 자세가 늘 몸에 배어 있어야
한다."라는 나눔의 자세를 강조하는 교육을 지향하고 있다.

"사람의 욕심은 끝이 없다."라는 것이 인간의 본능이며 속성
이다.

행복이란 불필요한 욕심에서 자유로운 사람들일 것이다. 만
족할 줄 아는 삶을 충실히 몸으로 실천해 나가 행복이라는 기쁨
을 느끼는 사람들일 것이다.

인간의 욕심은 뱃속에다 꾸역꾸역 넣을 줄만 알았지 배설할 줄은 모른다. 이것이 인간의 욕심이라는 어리석음이 지은 가면이다.

소에 붙어 있는 쇠거머리에게는 입만 있지 항문은 없다. 욕심이 많아서 쉴 새 없이 소의 피를 빨아먹는다. 그 쇠거머리는 자기의 배가 터질 때까지 피를 빨아먹는다. 그러나 배가 콩알만해지면 소 주인의 눈에 띄어서 그 쇠거머리는 여지없이 잡힌다. 쇠거머리는 그냥 죽지 못하고 발로 비벼져 아예 흔적도 없게 된다. 적당히 빨아먹었더라면 그 쇠거머리는 털 속에서 천수를 누렸을 터이지만 배가 터지도록 욕심을 부려서 결국 비참하게 죽게 된다.

부정적으로 살아가는 사람들도 쇠거머리와 별반 다를 바가 없다. 죽어가는 방식만 다를 뿐이지 결국 비참하게 운명을 맞이하기는 마찬가지다.

부정적이라는 메커니즘은 분노와 화를 강하게 생산해 내려는 욕심을 가지고 있다. 또한 각종 악성 호르몬을 양성시켜 혈액순환을 나빠지게 만들고 산소를 원활하게 공급하는 것을 차단시키게 만든다. 이처럼 원활한 산소 공급 부족으로 인해 산소는 강력하게 변신하여 활성산소로 바뀌게 되어 혈액순환 장애를 불러일으키게 한다. 그 이유는 이 활성산소는 몸속의 지방과 결합하여 노화물질인 과산화지질로 바뀌고 이 과산화지질은 칼슘이 달라붙기 쉬워 나중에 혈관이 딱딱하게 굳게 만들어 버려 급기야 암까지 발생시키게 하는 치명적인 독성물질로 이어지기 때문이다.

사람은 혼자서는 살아갈 수 없는 존재이다. 대화를 통해서 문제를 해결하고 서로가 협력의 관계 속에서 살아가는 존재들인 것이다.

긍정적인 마음가짐의 최대의 기쁨 중의 한 가지는 친밀과 화목에 있다. 긍정적 사고방식으로 어우러진 사람들의 대화는 시간이 무르익어 갈수록 흥이 날 것이다. 서로를 잘 알게 되는 것에 대한 기대와 기쁨을 만끽할 것이다. 긍정에서 발생되는 엔도르핀이 생성되어 서로의 마음속에 행복의 씨앗을 깊게 심어 줄 것이다. 긴장이 해소되고 상대의 기분이나 생각을 흔쾌히 받아들일 수 있는 열린 마음의 준비 자세를 갖추고 있을 것이다. 서로가 인격이 자라고 고상해지려고 협력 관계를 끊임없이 추구할 것이다. 좀 더 깊고, 좀 더 넓고, 좀 더 친절하게 생각하는 힘을 기르기 위해 긍정의 힘을 단련시켜 나갈 것이다.

긍정의 마음속엔 감사함이 가득한데
부정의 마음속엔 원망이 가득하다.

긍정의 마음속엔 엔도르핀이 가득한데
부정의 마음속엔 독성물질이 가득하다.

긍정의 마음속엔 언제든지 샘이 솟는 마음의
신세계가 발견되는데
부정의 마음속엔 샘이 솟는 마음이 떠돌아다니며
방황하는 헛된 인생을 살다가 끝마친다.

마음은 '흰색 도화지'이다. 천국을 지옥으로 스케치할 수도 있고 지옥을 천국으로 그릴 수도 있다. 마음가짐을 어떻게 하느냐에 따라 성공하는 인생이 혹은 실패자의 인생이 결정될 것이다.

성공과 행복은 찾아오는 것이 아니라 스스로 발견해 나간다는 사실을 기억하길 바란다.

세상에는 스스로의 가능성을 모른 채
그대로 머물러 있는 사람이 많다.
행동하는 것을 배우지 않았기 때문이다.
해내고 싶다는 열망이 있으면
그것을 향해 행동하는 동기가 생길 것이며,
행동은 그것을 성취하는 유일한 길이다.
일찍 행동하면 할수록 일은 더 쉬워진다.
행동은 최고의 치료법이다.
의심도 불안도 근심도 또한 날려 버린다.
행동이야말로 가장 좋은 것을 끌어내는
성공의 암호이다.

chapter 5

긍정적으로 행동하자

적극적으로 행동해야겠다는 생각이 들 때까지 기다리지
마라. 일단 행동해라. 그러면 그렇게 하기를 정말 잘했다는
생각이 들 것이다.

-지그 지글러

긍정적인 사람은 적극적으로 행동한다

긍정적인 생각만으론 충분치 않다. 책을 통해 긍정이라는 요소가 인체에 좋은 결과를 끼친다는 이론을 알고 있어도 실생활로 실천하지 않는다면 아무런 소용이 없다.

긍정적으로 생활에 임하는 사람들은 공통적으로 적극적이다. 이유는 긍정이라는 두뇌신경회로를 만들어 적극적으로 행동으로 움직이게 하기 때문이다.

긍정적인 사람들은 자기 자신을 가리켜 좀 더 깨어 있고, 긍지가 있으며, 열정적이고, 활동적이며, 참여적으로 행동하게 만드는 습관을 탄생시킨다. 이렇듯 긍정으로 인해 굳어진 습관은 결국 불타는 행동으로 이어지게 하여 자신이 하고자 하는 계획을 관철시키도록 열렬하게 도움을 준다.

건강을 원하면 어떻게 해야 되는가?

사고, 즉 긍정적인 생각을 행동으로 옮기는 습관을 가져야 한다는 것이다. 건강의 열매는 육체적 행동과 정신의 마인드가 혼합된 결정체이다. 생각만 가득 찬 사람의 입에는 "나도 알아, 긍정적인 생각만 하고 있으면 건강해진다는 사실을……" 등.

이러한 생각패턴으로 생활에 임한다면, 몸과 마음이 혼합된 습관이라는 쇠사슬이 강하게 엮여 버려 "아, 그렇지, 긍정적인 생각을 가지고 생활에 임하게 되면 건강해진다는 사실을…… 지금부터 당장 실천해 보자."라는 신념이 긍정적으로 작용할 것이다.

인간의 귀는 둘이고 머리와 입은 하나씩인데 팔과 다리가 4개인 이유는 말하는 것보다 듣는 것을 2배로 하고, 실천은 4배로 하라는 뜻이 담겨 있다.

긍정적인 마인드가 건강에 유익하다는 사실을 바탕으로 실천하려 한다면 시간이 지날수록 부정적이고 냉소적이며 비관적인 사고에서 시작되어 암으로까지 이어지게 만드는 각종 질병으로부터 동떨어진 방향으로 달려갈 것이다.

결단의 칼과 실행의 칼이 있다. 어떤 일을 앞두고 누구나 걱정과 불안에 휩싸이게 된다. 그렇다고 우물쭈물 시간을 넘기다 보면 당신은 원하지 않는 요소들이 당신을 향해 전력질주해 오는 것을 경험할 것이다. 물론 걱정과 스트레스가 동반된 강력한 여러 질병들로 이루어진 악성 바이러스들 말이다.

내부 혹은 외부로부터 배우는 것은 두뇌로 이해하는 것이고, 익힌다는 것은 몸을 통해 실행하려는 자세다. 무슨 진리이건 몸으로 익히지 않고는 깨닫고 터득할 수 없으며 자연스러운 유연함이 몸에 밸 수가 없을 것이다. 자연스러움이 습관화될 때까지 익히는 것이 중요하다.

어느 날, 한 젊은이가 마쓰시타 전기의 창업자인 마쓰시타 고노스케에게 물었다.

"어떻게 성공하셨습니까?"

"뭐 한 가지 특별한 재주도 없는 내가 이렇게 성공할 수 있었던 것은 운이 좋았기 때문이지. 90%는 운이라고 할 수 있어. 난 그 행운에 언제나 감사할 따름일세."

마쓰시타가 말했다.

"그럼 성공이 운에 달렸다는 말씀입니까?"

젊은이가 놀라서 반문했다.

"그렇지. 하지만 90%만 운이고 나머지 10%는 인간의 몫일세. 가령 사람이 배라면, 큰 배인가 작은 배인가는 각자의 타고난 운명이지만 그 배를 움직이는 것은 바로 자기 자신이지. 그 배가 험한 바다를 건너 목적지인 항구에 무사히 도착하고 못 하고는 자신이 어떻게 행동하느냐에 달려 있다는 말일세.

결국 10%밖에 안 되는 인간의 노력에 의해 모든 것이 결정되지. 나에게나 자네에게나 똑같이 90%의 운명이 주어졌네.

나는 10%의 내 몫을 가지고 성실하게 노력할 용의가 있는데, 자네는 어떤가?"

성공하기를 원한다면 적극적으로 생각하고 행동해라. 그러면 건강이라는 선물은 자연스럽게 주어질 것이다.

사탄들이 모여 어떻게 하면 예수를 믿는 사람들을 공격해서 그들의 힘을 무력하게 만들 수 있을까를 고민했다.

사탄1: 예수 믿는 사람들을 무조건 때리고 핍박하자. 그러면 무서워서 신앙생활을 제대로 못할 것이 아닌가?

사탄2: 기독교 역사를 보면 환난이나 핍박이 가해지면 불똥이 튀는 것처럼 신앙이 확산되던데?

사탄3: 그럼 감옥에 가둬 버리자. 그러면 예배도 못 하고 신앙생활을 못 하게 될 것 아니냐?

사탄1: 아냐, 그럼 감옥에서 늘 기도만 해서 안 돼.

사탄4: 그럼 죽여 버리자.

사탄5: 기독교인들이 가장 자랑스럽게 생각하는 것이 순교인데?

사탄6: 그럼 기독교인들에게 마음껏 기도하라고 하고 마음껏 신앙생활을 하라고 하자. 마음껏 전도하고 마음껏 봉사하라고 하자. 그러나 내일부터 하라고 하자.

사탄들: 그래 좋다. 그렇게 하자.

계속 내일부터라고 속삭이는 것은 좋은 결과를 얻을 수 없다.

오늘 일을 내일로 미루지 않는 습관을 가질 수 있도록 노력하자.

긍정적으로 이루어진 조건반사 시스템들은 적극적으로 행동할

수 있게끔 도와주는 절친한 동반자라는 사실! 꼭 기억해 두길

바란다.

행동하지 않으면 긍정도 없다

긍정적이고 활기찬 생활을 계속해서 영위하기 위해서는 고정 관념이라는 악습의 틀에서 벗어나야 한다. 자신을 부정적으로 얽매게 만들어 버리는 틀에서 벗어나야 자유롭게 생활할 수 있다. 자신의 성격을 소극적인 성격에서 적극적인 성격으로, 부정적으로 안내하는 마인드를 긍정적으로 안내하는 마인드로 바꾸면 모든 것이 달라질 것이다.

아무리 자신이 부자라도 웃음 없이는 못 살고 아무리 가난한 사람도 웃음만 있으면 풍성할 수 있다. 긍정에서 나오는 미소는 행복과 여유를 가져다준다. 미소는 우정의 구름다리, 슬퍼하는 자에게는 태양이라는 자연 비타민이 된다.

긍정은 돈을 주고 살 수도, 강요할 수도, 빌릴 수도, 훔칠 수도 없다. 거저 줌으로써 비로소 값이 나간다. 우리들은 늘 웃으

며 긍정적으로 살아가는 사람들을 좋아한다. 모든 이에게 웃음
과 기쁨을 주는 사람이 될 수 있도록 최선을 다해 생활에 임해
야 할 것이다.

앨리스 크로는 이렇게 말했다.

"삶이 그대에게 주는 것은 10퍼센트뿐이다. 나머지 90퍼센트
는 이제부터 그대가 해야 할 몫이다."

부자처럼 생각하면 부자가 되고, 거지처럼 생각하면 거지가 되
고, 주정뱅이처럼 생각하면 주정뱅이가 되며, 주위 사람들에게
긍정의 씨앗을 심어 주겠다고 생각하면 그대로 실현될 것이다.

긍정적 마인드는 어느 날 갑자기 만들어지는 것이 아니다. 작
은 일부터 하나하나 쌓여 나가 마음속 깊은 속에 긍정의 씨앗이
라는 거대한 물결이 만들어지는 것이다.

"긍정적으로 생각하자! 긍정적인 생각으로 행동하자!"

이러한 신념을 가지고 생활에 임하자. 잠재 능력이 발휘되어
삶이 변화되어 가고 있다는 것을 느끼게 될 것이다.

긍정적 마인드로 생활에 임하다 보면 뜻하지 않은 장애물들
을 만나게 될 것이다. 마음속 깊은 곳에 자리 잡고 있는 습관을
바꾸기란 쉽지 않다는 것을 필자도 공감한다. 인내를 가지고 포
기하지 않고 최선을 다해 줄 것을 부탁드리고 싶다.

포기는 좌절을 낳지만 인내는 희망과 기쁨을 잉태할 것이다. 인내를 가지고 지행합일(知行合一) 정신으로 실천해 나간다면 분명 좋은 결과를 얻게 될 것이다.

사과나 귤을 심으면 3년이 지나야 열매를 맺기 시작한다고 한다. 그리고 10년생 정도 되는 나무는 500여 개씩 열매가 열린다고 한다. 옥수수 한 개를 심으면 자라서 두세 자루의 열매를 맺고 열매 한 자루에는 적어도 200~300알 정도의 옥수수가 달린다고 하니 하나가 600배 정도의 결실을 맺는 것이다. 논에 심는 벼의 경우 벼 이삭 하나에 90~200알이 열린다. 땅에 심는 종자도 좋은 땅에 뿌리고 심기만 하면 100배, 300배, 600배의 결실을 맺는 것을 확인할 수 있다.

시작도 하기 전에 안 된다는 부정적인 생각을 하지 말고 행복한 삶에 도전한다는 생각으로 행동하길 바란다. 생각이 바뀌면 행동이 바뀐다고 하지 않았던가.

자신감을 가지고 도전해 보자. "할 수 있을까?"라는 부정적인 생각을 하지 말고 "그래, 내 자신을 위해, 주위 모든 사람들에게 행복을 전도해 주는 사람으로 살아보는 거야."라는 긍정적인 신념을 가지고 바꿔 보는 것이다.

심리학자들에 의하면 걱정의 40%는 절대 현실로 일어나지 않는다고 했다. 걱정의 30%는 이미 일어난 일에 대한 결과라고 했다. 걱정의 22%는 사소한 고민이고, 걱정의 4%는 우리 힘으로 어쩔 도리가 없는 것에 대한 것이라고 했다. 그렇다면 걱정의 몇 %가 쓸데없는 것이라는 뜻인가? 96%나 된다. 결국 부정적인 마인드로 사로잡힌 두려움은 현실이 아닌 그림자일 뿐이라는 것이다.

그럼 이러한 부정적인 생각에서 벗어날 수 있는 해법은 무엇인가? 무조건 몸으로 행동하고 긍정적인 말들로 이러한 두려움을 헤쳐 나가는 것이다. 그러면 두려움의 50% 이상은 사라진다는 것을 느끼게 될 것이다.

먼저 긍정적인 행동으로 이어질 수 있도록 두뇌신경망이 긍정의 말들로 이루어질 수 있도록 하자. 또한 우리들을 지옥의 세계, 불행의 집, 마음속에 독약공장이 만들어져 인체 자연치유능력을 저해시키게 만드는 부정적인 말들은 건강에 백해무익(百害無益)하다.

"될 대로 되라."
"나는 결코 해내지 못할 거야."
"나는 실패자야."
"내 일은 잘못될지도 몰라."
"나는 늘 운이 나빠."

등 이러한 부정적인 암시를 주는 말들을 아름다운 말, 할수록 기쁨을 주는 말로 전환시키도록 하자.

긍정으로 가는 행동 방법

적극적인 태도를 가져라

"내가 할 수 있는 일이 아니야."라는 식의 부정적인 자세를 버리자.

최후를 생각하고 시작해라

인내를 가지고 포기하지 않겠다는 생각을 가져라.

우선순위에 맞추어서 계획하라

일을 시작하기 전에 긍정적으로 일을 시작하겠다고 다짐하고 계획서에 체크해라.

다수에게 소득이 있는 방법을 찾아라

다른 이들에게 기쁨을 줄 수 있는 말과 행동으로 생활하라.

먼저 상대방을 이해해라

역지사지(易地思之)하는 마음을 늘 잊지 않고 상대방을 이해하면 불평, 불만은 자연스럽게 사라질 것이다.

상승효과를 창출하라

나 자신과 상대방 모두에게 엔도르핀이라는 긍정적 호르몬이 많이 생성될 수 있도록 환경을 만들어라.

항상 자신을 관리해라

날이 무디어진 톱으로 나무를 베면 힘만 들고 성과가 없듯이, 늘 자기 자신을 되돌아보고 긍정적으로 생각하고 행동해야겠다는 초심(初心)을 잊지 않도록 스스로 자신을 관리해라.

만일 당신이 산꼭대기의 소나무가 될 수 없다면

-더글러스 멜로크

만일 당신이 산꼭대기의 소나무가 될 수 없다면 골짜기의 나무가 되라

그러나 골짜기에서 제일 좋은 나무가 되라

나무가 될 수 없다면 나뭇가지가 되라

나뭇가지가 될 수 없다면 풀이 되라

그리고 도로변을 행복하게 만들어라

만일 당신이 풀이 될 수 없다면 이끼가 되라

그러나 호수에서 가장 생동적인 이끼가 되라

우리 모두가 선장이 될 수는 없는 법

누군가는 선원이 되어야 한다

우리는 누구나 쓸모 있는 존재다

사람들이 해야 할 크고 작은 일들이 있고

우리가 해야 할 일은 가까이 있다

만일 당신이 고속도로가 될 수 없다면 오솔길이 되라

태양이 될 수 없으면 별이 되라

당신이 승리하거나 실패하는 것은 일의 규모에 달려 있지 않다

그 모습 그대로 최선을 다해라

최선을 다해라. 그러면 신이 그 나머지를 하리라.

당신을 둘러싸고 있는 상황 속에서 최선을 다해라.

-그라시안

지금부터 시작이다

이 장은 당신을 위한 공간입니다.

당신의 마음속에 내재하고 있는 부정적인 사고방식과 고정관념을 바꿔야 합니다.

당신의 마음속에서 부정적인 암시를 만들게 하는 것은 무엇입니까?

"나는 해내지 못할 거야."입니까?

"내 일은 잘못될 거야."입니까?

"나는 실패자야."입니까?

"나는 항상 운이 나빠."입니까?

돈입니까?

사회적 배경입니까?

학벌 때문입니까?

아니면 '넌 안 돼'라며 늘 당신을 부정적이고 소극적으로 말하는 주변 사람들 때문입니까?

당신을 부정적이고 소극적으로 행동하게끔 만드는 그것을 적어 봅시다.

____

____

____

____

그리고 다음 사람들의 이야기를 읽어 봅시다. 이 사람들은 당신을 긍정적이고 적극적으로 행동할 수 있게끔 도와줄 명언들입니다. 자기 앞에 놓인 모든 장애물과 부정적인 사고, 소극적인 행동을 극복하고 마침내 자신이 하고자 하는 일들을 주도적으로 실천한 사람들입니다.

이 사람들을 읽어 봐라

조지프 머피

당신은 풍부한 재산을 가지고 있다. 당신의 잠재의식 속에 존재하는 뜻밖의 힘과 지혜를 발견해라. 그러면 당신의 지성은 빛을 받아 모든 방면에서 번영하게 될 것이다. 당신은 인류에게 위대한 은혜를 가져다줄 수 있다.

정주영

인간의 잠재력은 무한하다. 이 무한한 잠재력은 누구에게나 무한한 가능성을 약속한다. 나는 나에게 주어진 잠재력을 활용해서 가능성을 가능으로 만들었다.

에이브러햄 링컨

인간은 자기가 결심한 만큼 행복해진다.

윌리엄 제임스

우리 세대의 가장 위대한 발견은 사람은 자기 마음가짐을 고치기만 하면 자신의 인생까지도 고칠 수 있다는 것이다.

탈레스

인생에서 가장 즐거운 일은 목표를 갖고 그것을 향해 노력하는 것이다.

앤드루 카네기

자신을 변화시키는 것은 일종의 도전이다. 물론 쉽지는 않지만 당신은 해낼 수 있다.

토머스 에디슨

자신감은 성공으로 이끄는 제1의 비결이다.

조 나마스

성공한 사람들의 공통점은 그들의 매우 긍정적이고 자신감을 심어 주는 환경에서 자랐다는 것이다.

보도 섀퍼

기회는 준비하지 않은 사람에게는 오지 않는다. 그러므로 모든 준비는 내적인 자세를 가다듬는 것에서부터 시작되어야 한다.

어니스트 헤밍웨이

사람을 강하게 만드는 것은 사람이 하는 일이 아니라, 하고자 노력하는 것이다.

이승엽

혼신의 노력은 결코 배반당하지 않는다. 평범한 노력은 노력이 아니다.

쇼펜하우어

보통 사람은 시간을 소비하는 것에 마음을 쓰고, 재능 있는 사람은 시간을 이용하는 것에 마음을 쓴다.

조지 와인버그

나쁜 습관을 버리는 것은 그 자체로도 의미 있는 일이며 더욱이 그로 인해 무언가를 깨닫게 된다.

빌리 선데이

많은 사람이 재능 부족보다는 결심의 부족으로 실패하고 만다.

브루스 바턴

좋든 나쁘든 당신의 말이 당신을 선전한다. 당신이 입을 열 때마다 당신은 마음을 내보이게 된다.

벨타시르 그라시안

기억해라. 서두름은 언제나 하루살이만 잉태하고 여유를 잃은 부지런함은 실수만 부른다. 여유 있게 생각하고 빠르게 행동해라. 바다와 같은 넓은 마음을 터전으로 하는 기다림은 일의 확실한 성취를 보장한다.

로건 피어설 스미스

인생에는 목표로 삼을 것이 두 가지 있는데, 첫째는 욕망하는 것을 소유하는 일, 둘째는 그것을 즐기는 일이다. 그런데 인류 가운데에도 가장 현명한 자들만이 제2의 것을 성취한다.

성경 잠언 17:22

마음의 즐거움은 병을 낮게 하지만, 근심하는 마음은 뼈를 마르게 한다.

여기서 다시 한 번 생각해 봅시다.

당신의 마음속에 내재되어 있는 부정적이고 소극적인 행동으로 이끌어가고 있는 쇠사슬을 끊어야 할 시기입니다. 부정적인 사고방식을 긍정적인 사고방식으로 바꿔 보세요. 소극적인 행동패턴을 적극적인 행동패턴으로 바꿔 보시기 바랍니다. 의심 대신 '할 수 있다.'는 믿음을 가지고 실천한다면 모든 것이 가능해집니다.

지금부터 긍정적이고 적극적으로 행동하게끔 만들어 줄 수
있는 것들을 적어 봅시다.

———————————————————

———————————————————

———————————————————

그리고 내가 왜 긍정적이고 적극적으로 생각하고 행동해야
하는지에 대해 이유를 적어 봅시다.

———————————————————

———————————————————

———————————————————

이제 이 책을 덮는 순간부터 긍정적이고 적극적인 사람으로
생활하시기 바랍니다.

그 동안 당신을 힘들게 만들었던 것들을 영원히 잊어버리고
긍정적으로 생각하고 불평하지 마시며 늘 감사함을 잊지 않는
사람으로 생활하시기 바랍니다.

당신을 믿겠습니다.

언제나 웃음꽃이 활짝 핀 긍정인이라고……

최원교

창의적 발상으로 여러 주제들을 한데 모아 치밀한 분석력으로 쉽고 재미있게 풀어내는 최원교. 1976년 수원 태생으로 2년간 15권을 집필한 저자는 '태권스피드한자'라는 독창적인 한자학습법을 개발해 벤처경진상, 발명특허, 우수아이템선정(정부지원)을 받으며 일간지, 주간지에 소개되었다. 어린이들에게 도움을 줄 수 있는 학습도서를 집필 중에 있다. 현재 태권도장을 운영하고 있고, (주)에듀컬 대표를 맡고 있으며 성신여대에 출강 중이다.

긍정의 결혼식

초판인쇄 | 2009년 6월 30일
초판발행 | 2009년 6월 30일

지은이 | 최원교
펴낸이 | 채종준
펴낸곳 | 한국학술정보㈜
주 소 | 경기도 파주시 교하읍 문발리 파주출판문화정보산업단지 513-5
전 화 | 031)908-3181(대표)
팩 스 | 031)908-3189
홈페이지 | http://www.kstudy.com
E-mail | 출판사업부 publish@kstudy.com

등 록 | 제일산-115호(2000. 6. 19)
가 격 | 23,000원
ISBN 97   (Paper Book)
       978-89-268-0090-4 08180 (e-Book)

이담 Books는 한국학술정보(주)의 지식실용서 브랜드입니다.